KB105750

집중력은 / 필요 없다

집중력 / 필요
은   없다

모리 히로시 MORI Hiroshi 지음
이아랑 옮김

산만한 아이였던

모두를 위하여

/ "너는 왜 이렇게 산만하니?"

"여기저기 한눈팔지 말고 집중하렴."

어린 시절 내가 셀 수 없이 많이 들었던 말이다. 나는 확실히 산만한 아이였다. 좀처럼 가만히 있지를 못했고 하고 싶은 일이 꼬리에 꼬리를 물고 떠올랐으며 새로운 것이 나타나면 금세 정신이 팔렸다. 눈앞의 일에 흥미를 느끼는 것은 고작 몇 분간 지속됐을 뿐, 곧바로 질리고 말았다.

필시 어렸을 때 이런 지적을 받은 사람은 나뿐만이 아니었을 것이다. 차분한 아이(비록 겉모습뿐일지라도)도 예외 없이 '더 집중해야지'라는 말을 듣곤 했으며 학교 선생님들도 집중이라는 말로 학생들을 통제하곤 했다. 동아리 활동 역시 마찬가지여서 감독 선생님은 연습할 때나 경기에 임할 때 모두 집중해야 한다고 입버릇처럼 말했다.

집중에 대한 우리의 태도는 어른이 되어서도 변하지 않았다. 마치 모두 약속이라도 한 듯 집중하는 것이 중요하다고 말한다. 텔레비전으로 야구나 축구 경기를 보고 있노라면 해설위원은 '바로 지금이 집중할 타이밍'이라고 지적하고, 실수를 했을 때는 '집중력이 떨어진 탓'이라고 원인을 분석한다.

그런데 우리가 흔히 사용하는 집중력이라는 말은 마치 우리 모두가 매사에 집중하는 능력을 당연히 갖고 있기라도 한 듯한 표현이다. 그런데 나는 그것이 구체적으로 어떤 능력인지 통 모르겠다. 하지만 누구도 집중력에 의문을 품지 않는다. 오히려 집중력을 더 많이 발휘할수록 더욱 유리해지고 무엇이든 해결할 수 있는 마법 같은 특수한 능력쯤으로 여기는 듯하다.

그 증거로, 집중의 폐해는 거의 논의되지 않는다. 지나치게 집중력을 발휘해 오히려 실패하는 경우는 없을까?

쓸데없는 것에 한눈파는 것은 집중이라 부르지 않는 듯하니, 원래 주의해야 할 대상이 아닌 것에 몰두하는 것 역시 집중의 영역에 포함되지 않는다. 결국 집중의 대상은 유익한 결과를 내는 것에 한정된 셈이다. 하지만 이런 식이라면 '집중의 결과는 반드시 좋다'는 결론으로 귀결될 수밖에 없다.

게다가 최근의 집중 신앙의 기저에는 주의가 산만했기 때문에 실패했다는 사고가 깔려 있다. '멍하니 있다 실수를 했다' '한눈을 팔아서 사고가 났다'는 식의 실패 사례를 교훈으로 삼아 고안된 것이 집중인 것이다.

늘 느끼는 점이지만, 인간이라는 존재는 반드시 실수를

한다. 특히 나는 실수를 밥 먹듯이 저지르곤 하는데 작문을 할 때면 한 문장 안에 적어도 꼭 하나의 실수가 포함되어 있다. 어렸을 적에도 암산은 곧잘 했지만 계산 실수가 따라붙곤 했다. 인간은 본래 기계처럼 완벽한 작업에는 소질이 없다. 우리는 이미 오래 전부터 스스로 완벽하지 못하다는 사실을 알고 있으며, 인간이 저지르기 쉬운 부주의한 실수를 보완하기 위해 다양한 기계를 발명했다 해도 무방하다.

실제로 기계가 발명되기 이전부터 인류는 보다 완벽해지기 위한 다양한 시스템을 구축해왔다. 그럼에도 여전히 완벽하다고는 할 수 없다. 수많은 기계, 수많은 시스템이 터무니없는 실수나 큰 사고를 방지하기 위해 고안되었다. 그렇다. 기계는 거의 실패하지 않는다. 컴퓨터도 실수 하지 않는다. 문제가 발생할 때는 대체로 인간이 잘못된 설정을 입력했거나 기계의 지시에 따르지 않았을 때뿐이다.

결국 집중이란 인간에게 기계가 되라는 의미나 다름없다. 집중력이라는 말은 듣기에는 그럴싸할지 몰라도 바꿔 말하면 기계화에 더 어울린다. 인간다움을 버리고 한눈도 팔지 말고 웃지도 말고 작업을 하라는 것이다.

╱ 집중력을 의심하다

사실 나는 이 책에서 집중력에 대한 부정적인 사고방식을 다루고자 한다. 굳이 말하자면 '안티 집중력'의 효과에 대해 이야기하려는 것이다.

애초에 나는 집중력을 완전히 부정할 생각은 털끝만큼도 없다. 오히려 집중력은 중요한 요소라고 생각한다. 다만, 과연 집중력만을 옳다고 이야기하는 것이 적절한가 하는 물음을 던지고 싶다. 그리고 이 질문을 시작으로 집중력이 모두가 생각하는 것처럼 훌륭하지만은 않다는 깨달음을 얻을 수 있기를 바란다.

어렸을 때 나는 어른이 시키는 것에는 집중하지 않았지만 적어도 내가 하고 싶은 것, 내가 생각하고 싶은 주제에는 집중하곤 했다. 사실 이것은 내 나름의 집중이었다. 당시의 나는 똑같은 것을 계속하기보다 여러 가지를 조금씩 동시에 진행하면 그 각각에 집중할 수 있고 더 효율적이라는 사실을 감각적으로 알고 있었다. 똑같은 일을 오랫동안, 얌전히 시키는 대로 해야 할 때 나는 쉽게 태만해지곤 했다. 어른들의 말에 따라 집중하면 결과적으로 집중할 수 없는 상황이 되고 마는 것이다.

　이 감각을 이해하는 독자가 있을까? 나는 의외로 많은 이가 같은 경험을 공유하고 있을 것이라 생각한다.

　집중의 원동력은 호기심이다. 재미있기 때문에 집중한다. 즐거워서 몰두한다. 아이들은 대체로 어른보다 솔직하기 때문에 자신의 뇌가 원하는 것에 집중하고 금세 다른 데에 정신이 팔리는 것을 숨기지 않는다. 어른들은 이런 아이의 본능은 무시한 채 똑같은 것을 계속하라고, 그것이 집중이라고 가르친다. 하지만 아이들은 본능에 따라 자기만의 방식대로 자신이 원하는 대상에 이미 집중하고 있던 것일 수도 있다.

　물론 각자의 개성에 따라 성향도 제각각일 것이다. 하지만 집단행동이 중요한 사회에서는 강제로 모두를 동일하게 만들려는 시도가 언제나 이루어진다. 학교 수업도 일정한 시간이 정해져 있고, 이 시간에는 모두 똑같은 것을 하도록 훈련받는다. 평균적으로 이 정도라면 누구나 집중할 수 있는 시간이라는 계산에 따른 결과일 테다. 그러나 어린 시절의 나에게는 이 시간 역시 무척 길게 느껴졌다. 그리고 이렇게 오랫동안 똑같은 일에 집중하는 것은 상당히 비효율적이라고 생각했다.

문제는 평균을 강요당해 개인의 방식이 억압당할 때다. 다행히 이러한 억압 상태를 스스로 눈치챈다면 바로잡을 기회를 얻을 수 있다. 하지만 불행히도 많은 사람들이 스스로 억압당하고 있다는 사실을 인식조차 못할 때가 많다. 집중은 바람직한 것이고 훈련해 발전시켜야 하는 것이라고 믿어 의심치 않는 사회 분위기 속에서 내가 아닌 다른 사람의 기준을 강요당하는 것이다. 이러한 방식이 잘 맞는 사람은 발전의 동기로 삼을 수도 있지만 나처럼 맞지 않는 인간에게는 오히려 역효과만 낼 뿐이다. 그렇기에 우리는 모두 각기 다른 성향을 가진 다양한 인간이라는 사실을 인지하는 것이 무엇보다 중요하다.

✎ 집중하지 않는 힘

무엇보다 나는 우리가 집중해야 한다는 강박에서 해방되었을 때 기계가 해내지 못하는 인간 본연의 능력을 발휘할 수 있다는 것을 이야기하고 싶다.

과거에 나는 혼자 일할 수 있는 환경에 있었다. 공과대학교의 연구자로서 일하던 나에게 주어진 업무 할당량은 그리 많지 않았고, 덕분에 나는 스스로 할 일을 찾고 매일 생각하는 시간을 가질 수 있었다. 일반적인 직장의 작업 방식과는 크게 달랐다.

그 중 가장 큰 차이는 정해진 일이 주어지지 않았다는 점이다. 당장 눈앞에 주어진 문제는 없다. 스스로 과제를 찾고 만들어야 한다. 그리고 그 문제를 해결한다. 어떻게 해야 할지 아무도 가르쳐주지 않는다. 문제의 답은 세상 어디에도 없다. 그것이 진정한 문제이며 그것이 바로 연구인 것이다.

사실 이런 방식의 일은 흔치 않다. 대부분의 직장에서는 집중해 문제를 해결하는 것을 목표로 한다. 이 문제를 풀어라, 그리고 답을 맞혀라, 정답을 맞히면 합격하거나 통과할 수 있다. 이 때 요구되는 문제 해결 방식은 이른바 육체노동과 같다. 집중하지 않으면 해낼 수 없고 재빨리 올바른 답을 도출한 자가 우수하다는 평가를 받는다. 한편, 젊은 연구자였던 나에게 필요한 사고는 그런 방식의 계산이 아니었다. 가야 할 길조차 정해져 있지 않았으니 집중해서 계산하고 정답을 맞히는 작업 방식을 따를 수 없었다.

이거다 싶은 주제를 중심으로 사고를 집중해야 할 때도

있었다. 하루 종일 그 근처만 맴돌듯 그 주제에 대해서만 생각했다. 사실 이 작업은 꽤 어렵다. 그러나 익숙해지면 계속 몰두할 수 있게 된다. 이렇게 몰두하다가 문득 작은 의문을 느끼는 순간을 만나고, 그 순간 별난 깨달음을 얻는다. 이것이 바로 발상이며 새로운 생각이다.

모든 것은 이 발상에서 시작된다. 진짜 새로운 생각은 눈앞의 문제를 깨부수고 말 그대로 돌파한다. 길이 열리고 멀리 내다볼 수 있게 된다. 그러면 남은 것은 나아가는 일뿐이다. 여기서부터는 노동이자 계산에 가까운 작업을 계속해나가면 된다.

가장 중요한 것은 이러한 위대한 아이디어를 위해서는 이른바 한 가지만 생각하는 집중이 결코 도움이 되지 않는다는 점이다. 오히려 역효과를 낸다. 다른 생각을 하거나 여기저기 한눈을 팔 때 더 위대한 아이디어를 얻을 수 있다는 사실을 나는 경험을 통해 충분히 배웠다. 하나의 점만을 집중해서 응시하다 보면 조금 떨어진 곳에 숨어 있는 힌트를 알아차릴 수 없다.

나는 49살에 거의 25년 동안 몸담았던 연구직을 그만두었다. 그리고 전업 작가가 되었다. 작가라는 직업 역시 새로운 생각이 가장 중요하다. 아니, 그 아이디어가 전부라고 해도 과언이 아니다. 창작의 시간이 끝나고 나면 글을 쓰는 단순한 노동이 기다리고 있을 뿐이다. 그런 의미에서 작가의 일역시 연구자로서의 작업과 별반 다르지 않다.

새로운 생각을 얻기 위해서는 집중할 필요가 전혀 없다. 물론 작업을 시작한 이후에는 필요할지도 모르겠으나 중요한 것은 집중력이 필요한 일과 그렇지 않은 일이 존재한다는 점이다. 이 또한 이 책에서 자세히 설명하겠다.

Contents

Part I

집중력은 필요 없다

Part I

집중력
은

필요
없다

"도저히

집중할 수 없어!"

'나에게 필요한 정보를 알아보고 이를 활용해 일에 집중할 수 있는 방법은 무엇일까?' 이는 아마 정보가 넘쳐나는 지금의 시대를 살아가는 누구나 공감하고 고민하는 문제일 것이다.

확실히 지금은 정보 과잉 시대다. 많은 이들이 수많은 정보에 신경 쓰다 시간을 빼앗기고 결국 집중하지 못하는 상태에 빠진다. 과거에는 텔레비전이나 잡지 혹은 친구와의 대화를 통해 새로운 소식을 얻었지만 지금은 언제 어디서나 그저 스마트폰을 들여다보는 것만으로 수많은 소식을 얻을 수 있다. 어쩌면 지금의 시대는 우리가 접하는 정보의 양이 늘었다기보다 그저 정보를 전해주는 '메신저'와 가까워졌을 뿐이라 할 수 있겠다.

물론 그 덕에 동일한 시간 안에 더욱 많은 정보를 받아들이는 것이 가능해졌음은 분명하다. 이는 전 세계가 하나의 네트워크에 참가할 수 있는 정보 공유 시스템의 발전 덕분이다. 최근 몇 년 동안에는 스마트폰이 빠르게 보급되어 이 과정이 더욱 손쉬워졌다. 하지만 이러한 기술의 발전과 함께 차라리 광고에 가까운 잡다한 정보가 마치 눈사태처럼 밀려들기 시작했고, 덕분에 정보의 평균적인 가치는 형편없이 낮아지고 말았다. 정보의 신뢰도 역시 위협받고 있기는 마찬가지다. 이제는 과연 우리가 접하는 정보가 모두 필요한 것인지 의심스러울 정도가 되어버렸다.

그렇다면 어째서 사람들은 굳이 필요하지도 않은 정보의 파도에 휩쓸려 도저히 집중하지 못하는 상태에 빠지고 이에 대해 불평하는 것일까?

여과 없이 솔직한 감상을 적자면, 그 누구도 우리에게 모든 정보를 확인하라는 의무를 지운 적은 없다. 즉, 그 누구도 우리에게 이것을 '강요'한 적 없다는 말이다. 정보에 접근하는 것은 어디까지나 개인의 자유의지에 따른 것일 뿐이다. 그런데 우리는 소외감을 두려워한 나머지 정보를 확인하지 않고는 견딜 수 없는 상황에 잠식되고 말았다. 강요는 아니지만 엄연한 지배당하고 있다고 할 수 있다. 그렇다, 사람들은 인터넷에서 결코 자유로울 수 없다. 이것이 오늘날 정보화 사회의 민낯이다.

　중요한 일에 집중하지 못할 만큼 많은 양의 정보가 마치 샤워기 아래 물줄기처럼 우리에게 쏟아지고 있다. 강한 수압만큼이나 엄청난 정보의 힘을 누구나 느낄 수 있다. 다만, 이는 누군가 우리에게 샤워기를 들이댔기 때문이 아니라 우리 스스로 수도꼭지를 비튼 결과다.

　무분별한 정보의 물줄기 아래에서 현명한 나의 태도는 무엇일까? 답은 간단하다. 정보의 물줄기를 아예 신경 쓰지 않거나, 그것이 불가능하다면 샤워기의 수도꼭지를 잠가야 한다.

　여기서 한 가지 짚고 넘어가야 할 것이 있다. 많은 이들이 인터넷을 사용하는 것이 별다른 비용이 들지 않는 공짜라고 생각한다는 점이다. 덕분에 인터넷이 눈 깜짝할 사이 엄청나게 많은 사람들의 일상 속에 파고들 수 있었던 것도 사실이다. 하지만 인터넷은 결코 공짜가 아니다.

　우리가 무료라고 생각했던 인터넷의 수많은 정보에는 우리도 인식하지 못 하는 사이 다양한 광고가 따라 붙는다. 유튜브를 통해 영상을 볼 때, 우리는 진짜 원했던 정보를 얻기 위해 우선 광고를 시청해야 한다. 지금까지 방문했던 수많은 웹사이트를 생각해보라. 거의 모든 사이트의 한 구석에는 우리가 원하지 않았던 광고 배너가 위치해 있었을 것이다. 결국 우리는 인터넷을 사용하면서 금전적인 부담을 지는 대신 더 소중한 우리의 시간을 빼앗기고 있는 셈이다.

결국 우리는 무분별하게 쏟아지는 광고에 갇혀 중요한 진짜 정보를 구분하지 못하는 지경에 이르고 말았다. 우리에게 필요한 정보를 얻기 위해서는 과거보다 더 많은 시간을 쏟아야 한다.

엄청난 양의 정보가 밀려들고 있다 하더라도 대부분은 쓸모없는 잡음에 불과하며 그저 무의미하게 쌓여가고 있을 뿐이다. 그 점을 자각해야 한다. 그리고 우리는 스스로 환경을 선택할 수 있음을 깨달아야 한다. 우리가 주변 환경을 스스로 변화시킬 수 있음을 인지하기만 해도 지금보다 냉정하게, 더 유용한 정보에 접근할 수 있다.

정보의 수도꼭지를

잠그다

22년 전 처음 작가로서 활동을 시작했을 당시, 나는 작업에 관련된 모든 연락을 오직 이메일로 주고받았다. 사실 당시만 하더라도 많은 출판사 관계자들이 이메일 주소조차 갖고 있지 않은 때였다. 인터넷 홈페이지를 가진 곳도 드물었으며 개인 홈페이지를 가진 이들은 어지간한 관심이 있는 사람 외에는 찾아볼 수 없었다.

그러나 얼마 지나지 않아 인터넷은 순조롭게, 그리고 꾸준히 발전했고 점차 많은 이들이 인터넷 세상에 발을 들이기 시작했다. 블로그라는 시스템이 등장해 누구나 손쉽게 개인 홈페이지를 만들 수 있게 되었고 인터넷에서의 개인 활동도 손쉬워졌다. 그 후, 다양한 기업이 인터넷을 새로운 사업 플

랫폼으로 여기기 시작했다. 그 덕에 우리는 그저 '좋아요'를 누르기만 해도 인터넷 세상에 참여하는 것이 가능해졌다. 보다 손쉽게 소속되고 이어져 있다고 느낄 수 있게 된 것이다. SNS의 활동은 더욱 간단해지고 각종 메신저의 보급도 활발해졌다. 편리해진 것 같지만 실상 단순히 반응하기 쉬워졌을 뿐, 결코 새로운 기능이 더해진 것은 아니다. 사실 이메일 서비스나 웹사이트 브라우징에서는 어떠한 기술적 진보도 찾을 수 없다.

하지만 이러한 반응의 연쇄만으로 우리가 접하는 정보의 양은 폭발적으로 증가했다. 그리고 앞서 지적한 바와 같이 원하는 정보를 찾기란 더욱 어려워졌다. 인터넷이 본격적으로 발전하기 시작한 10년 전부터 이러한 불편함은 시작되었던 것이다.

결국 나는 모든 SNS를 멀리하기로 결심했다. 최근에는 스마트폰도 일주일에 한 번 정도만 사용하고 전화나 문자메시지도 가족과의 연락에 사용하고 있을 뿐이다. 사실 글을 쓰기 시작한 무렵부터 나는 텔레비전을 전혀 보지 않았고, 신문도 읽지 않았다. 나의 연구와 취미생활에 이런 매체가 전혀 도움 되지 않았기 때문이다. 이미 나에게 필요한 정보는 충분했고 흥미로운 주제도 부족하지 않았다. 중요한 뉴스가 있으면 주위의 누군가가 알려주었고 인터넷이 보급된 후로는 인터넷을 사용해 직접 찾아보는 것으로 충분했다. 나는 내 시간이 너무나 소중했기 때문에 원치 않는 쓸데없는 소식들에 시간을 빼앗기는 것이 아까웠다. 바로 이것이 내가 수도꼭지를 잠가버리기로 결심한 결정적인 이유다. 이미 20여 년 전부터 나만의 수도꼭지 조절법을 터득하고 있었던 셈이다.

아이디어는

힘을 뺄 때

공과대학교의 연구 조교로 일을 시작한
지 얼마 지나지 않았을 무렵에 나는 하루에 16시간씩 일하곤
했다. 주말도 공휴일도 없이, 추석도 설도 쉬지 않고 일했다.
당시 나의 주된 업무는 하나의 주제를 정해 그와 관련한 모든
연구를 진행하는 것이었다. 생각할 거리는 넘쳐났고 할당량
이 정해져 있지도 않았다. 일정량을 소화했다고 해서 작업이
끝나는 것도 아니었다. 오히려 아무리 해도 끝이 보이지 않는
일이었다.

당시 나는 끊임없이 '왜'라는 질문을 던져야 했다. 관련
된 것들을 닥치는 대로 조사한 후 순수한 고민의 시간을 가졌
다. 눈은 뜨고 있지만 뭔가를 보고 있는 것도 아니고 손도 움

직이지 않는 상태였다. 흰 종이에 정체를 알 수 없는 그림을 그리거나 수식을 끄적이기도 하지만 딱히 결과를 바라는 행위는 아니고 그저 머릿속으로 생각하고 있을 따름이다. 이 것은 '계산'과는 거리가 멀다. 곧게 뻗은 길을 나아가는 감각이라기보다, 머릿속을 헤매며 빙글빙글 돌고 있는 느낌에 가깝다.

다섯 시간 정도 이런 고민의 상태를 지속하다 보면 말 그대로 진이 빠져버리고 만다. 하지만 시간을 들이는 대로 결과가 비례하는 것은 아니다. 아무런 성과도 얻지 못하면 완전히 헛수고다. 반면, 아이디어가 떠오르는 것은 한순간이다.

아이디어가 떠올랐다면 기회를 놓치지 않도록 더욱 집중해서 그 생각 속에 잠겨야 한다. 숨죽이고 조심스레 그 생각의 꼬리를 붙잡는 것이다. 아이디어가 떠오른 순간이란 어렴풋한 환영과도 같아서 언뜻 뇌리를 스치기만 했을 뿐, 말이나 그림, 수식도 아닌 왠지 관계가 있을 듯한, 왠지 가치가 있을 듯한, 왠지 새로울 듯한, 그런 예감 비슷한 것에 지나지 않는다. 그 예감을 만났다 하더라도 단순한 착각이거나 검증이나 계산 결과 헛수고였다는 사실을 깨닫기도 한다. 쓸모 있는 것은 좀처럼 만나기 어렵다.

대체로 새로운 아이디어를 얻기 위해서는 너무 긴장하

지 않아야 한다. 살짝 힘을 빼는 편이 좋다. 특정한 쪽에 신경을 곤두세우고 있으면 다른 쪽은 이완되기 마련이므로 결과적으로 생각지도 못한 곳에서 새로운 아이디어를 얻을 수도 있다. 시험 전날, 열심히 공부하던 중 문득 엉뚱한 주제에 대한 재미있는 아이디어가 떠올랐던 경험이 있을 것이다. 하지만 일부러 마음껏 여유를 부린다고 해서 새로운 생각이 쉽게 떠오르는 것은 아니다. 어떤 아이디어가 언제 찾아올지는 전혀 예측할 수 없다.

또한 새로운 생각을 위해서는 아이디어가 필요한 주제에 대해 미리 충분히 생각하는 과정을 거쳐야 한다. 아무런 준비 없이 갑자기 유용한 생각이 떠오르는 일은 없다. 그 주제에 대해 고민한 적이 없다면 불현듯 떠오른 아이디어의 가치를 깨닫지 못한다. 설령 떠올랐다 하더라도 틀림없이 놓치게 된다. 불현듯 떠오른 생각도 그 진가를 알아볼 수 있을 만큼 사전에 충분히 고민을 거듭해야 한다.

내가 두 가지 일을

병행할 수 있었던 이유

　　대학교에서 이러한 방식의 연구를 계속하는 동안 나에게는 네 번의 새로운 '생각'이 떠올랐다. 대학에서 대략 20년을 보냈으니 5년에 한 번 꼴이다. 시간이 지나 돌이켜보면 무수히 많은 시도가 실패와 헛수고로 끝나고, 우연히 다른 일을 시작하거나 회의에 참석하기 위해 다른 도시로 떠났을 때 불현듯 아이디어가 떠오르곤 했다.

　　새로운 생각을 위해 필요한 조건은 두 가지다. 하나는 앞서 말한 바와 같이 사전에 그 문제에 대해 집중하는 시간을 가져야 한다는 것이다. 오로지 그 문제에 대해서만 고민하는 시간을 충분히 보내야 한다. 다른 하나는 외적인 요인으로 일시적으로나마, 그리고 의도적으로 한눈파는 시간을 마련하는 것이다. 한 가지 확실히 말할 수 있는 것은 새로운 아이디어는 집중하고 있을 때 떠오르는 것이 아니다.

물론 사전에 생각하는 시간을 충분히 가졌다고 해도 사실상 일정 기간 내내 한 가지 주제만을 생각하는 것은 불가능하다. 처음 주제가 정해진 초반에는 그 주제와 관련된 범위 안에서 생각의 가지를 뻗어나가는 것이 그리 어려운 일이 아니라고 여겨진다. 하지만 그 주제가 무엇이 되었든 문제가 도저히 풀리지 않는 순간(막다른 골목에 갇혀 앞으로 나아갈 수 없는 순간)을 마주하기 마련이다. 이 때 우리의 머릿속에서는 다른 길은 없었는지, 다른 쓸 만한 것은 없는지, 비슷한 경향을 보이는 것은 없는지 점점 사고가 분산되어 간다. 그리고 이렇게 주변을 곁눈질하는 시간이 오랫동안 지속되다 보면 갑자기 아무 생각도 들지 않는 공백의 상황에 놓일 때가 있는데, 바로 이 때 아이디어가 찾아온다. 이른바 '무無의 경지'라고나 할까. 이런저런 생각으로 복잡하던 머릿속에 갑자기 정적이 깃들 때 불현듯 완전히 새로운 생각이 떠오르는 것이다.

이러한 경험을 거듭하다 보면 하나의 지점만을 응시하고 매달리는 집중이 오히려 생산적이지 않다는 결론에 이르게 된다. 찬찬히 주변을 둘러보는 분산사고가 유용하다는 사실을 깨닫는 것이다. 그리고 이러한 새로운 사고법을 요구하는 작업에 익숙해지다 보면 어느새 우리의 사고법이나 두뇌 역시 점차 이 방식에 맞게 변화하기 시작한다. 나는 이 모든 것을 나의 경험을 통해 배울 수 있었다. 그리고 이러한 경험을 바탕으로 구축한 분산작업은 20년이 넘는 시간 동안 공과 대학의 연구원과 작가라는 두 가지 삶을 원활히 병행해나갈 수 있었던 밑바탕이 되어주었다.

청개구리

사고법

앞서 말한 새로운 사고법은 매사를 그대로 받아들이지 않고, 무엇을 보든 항상 다른 시점에서 보려하고, 반대 입장에서 생각하고, 스스로 품고 있는 감정이나 자신의 의견에 대해 반론을 시도하고, 상식적인 것이나 일반적인 것을 의심하는 사고방식을 이야기한다. 정리하면 다(多)시점, 반(反)집중, 비(非)상식의 사고인 셈이다. 이른바 청개구리 같은 뇌라고 할 수 있다.

이를 위해 무엇보다 중요한 것은 섣부르게 판단하지 않고 관찰을 지속하는 것이다. 그리고 관찰한 것을 순수하게 받아들여야 한다. 자신의 눈으로 본 것, 자신이 실제로 확인한 것만을 옳은 것으로 여긴다.

관찰한 내용을 자신의 머릿속에 받아들일 때도 주의가 필요하다. 절대로 정보의 제공자가 말하는 그대로 받아들여서는 안 된다.

예를 들어 인터넷을 사용하던 중 비슷한 상품에 대한 광고를 자주 접하다 보면 보통 '요즘 이런 것이 유행인가 보다'라고 생각하기 쉽다. 그것이 일반적인 대중의 방식이며 광고를 기획하는 제작자들의 의도 역시 많은 이들이 그렇게 느끼기를 바라는 마음에서 비롯되었다. 하지만 광고에 대한 올바른 인식법은 '이 광고가 요즘 자주 눈에 띈다'는 사실만을 받아들이는 것이다. '이러한 광고가 유행이다'라고 받아들이는 태도는 지나치게 맹목적이다.

뉴스 역시 마찬가지다. 뉴스에서 보도하는 사회 문제들이 정말로 그러한지 방송을 보는 것만으로는 알 수 없다. 집단 따돌림, 교육, 의료 서비스 등 뉴스에서 소개되는 사건들은 가장 화제가 될 만한 것들로 선택된 것이다. 모두 그럴싸한 말로 표현되지만 정작 관련 자료를 살펴보면 딱히 그런 현상이 두드러지지 않을 때도 있다.

현재 우리가 접하는 정보는 대부분 전해들은 것이다. 결국 보다 정확한 정보를 얻기 위해서는 우리가 직접 여러 정보를 찾아보고 거기에 다루어진 숫자를 비교해보아야 한다. 또 어떤 정보를 선택하느냐의 문제 외에도 그 정보를 어떻게 가공하여 자신의 머릿속에 입력할 것인가 역시 중요한 문제다.

결국 그대로 받아들이지 않는다는 것은 주어진 정보를 나의 방식으로 가공한다는 이야기이며, 이는 곧 나의 논리에 비추어 주어진 정보를 거르고 추측해 정리한다는 의미다. 이를 위해서는 무엇보다 자신만의 지식과 논리가 필요하며, 우리는 이를 바탕으로 자신만의 사고법을 구축해나갈 수 있다. 그리고 이 사고법은 충분한 시간과 연습의 과정을 거친 뒤에 비로소 형성된다는 것을 명심해야 한다.

집중은

왜 위험한가

　　사고법을 주제로 쓴 여러 편의 에세이 덕에 나는 독자들에게 종종 이메일을 받곤 한다. 그리고 그 편지는 대부분 동일한 내용을 포함한다. '선생님이 지적해주신 내용이 꼭 지의 이야기 같습니다. 말씀하신 문제를 해결하기 위해서는 어떻게 해야 할까요? 방법을 가르쳐 주세요.'

　　하지만 명심할 것이 있다. 출발선에 선 것은 당신이다. 결국 자신을 변화시킬 방법은 스스로 생각해내야 한다는 말이다. 조급해하지 말고 시간을 들여 조금씩 생각하기를 반복해야 한다. 이 시간이 축적되다 보면 점점 우리의 사고법도 변화하기 시작할 것이다.

　　요즘의 광고들은 하나같이 자신의 제품이 모든 문제를

해결해줄 수 있는 것처럼 이야기한다. '이것만 마시면 모든 피로가 사라집니다' '이 제품을 사용하면 고민하고 있는 문제가 해결될 거예요!' 하지만 이렇게 허황된 광고 문구만이 넘쳐나는 사회를 진정 정보화 사회라고 부를 수 있을까?

엄청난 수익을 얻을 수 있다고 이야기하는 광고를 예로 들어보자. 정말로 광고의 말을 따르기만 해도 그렇게 높은 수익을 얻을 수 있다면 어째서 그 광고를 제작한 사람들은 스스로 실천하는 대신 남에게 권하는 것일까? '평생 보장' '노후 안심' '꿈의 실현'과 같은 매력적인 문구는 우리의 눈을 가리고 있을 뿐이다. 명확한 사실은, 비용을 지불하는 것은 바로 나이며 그 대가로 제공받는 보상은 대게 우리의 기대에 미치지 못할 확률이 높다는 것이다. 그것이 모든 장사의 기본이다. 이 기본 원리만이라도 잊지 않고 떠올릴 수 있다면 적어도 허황된 광고 속 감언이설에 속아 넘어갈 일은 없다.

그럼에도 우리는 여전히 수많은 광고에 현혹되곤 한다. 속임수에 취약한 사람은 대체로 자신이 보고 싶고 믿고 싶은 하나의 요소에 집중해 주변을 제대로 살피는 데에 실패한다. 이는 많은 사람들이 예상치 못한 돌발 상황에서 냉정함을 유지하기 힘들어 하는 것과 같은 이치다. 충동구매를 하는 것도 마찬가지다. 갖고 싶은 물건에 온 마음을 집중해버리고 마는 것이다. 사기를 당하는 것도 당장 눈앞의 일에 흥분해 다른 생각을 하지 못하기 때문에 걸려드는 경우가 많다.

정확한 판단을 위해서는 냉정할 필요가 있다. 냉정을 유지하며 관심을 끄는 대상에 충분한 시간을 가지고 주의를 기울이는 것이 현명하다. 그리고 이 냉정함은 지나치게 집중하지 않는다는 말과 일맥상통한다.

빠른 결정은 똑똑함이 아니라

게으름일 뿐

앞서 말한 '냉정함을 유지하는' 혹은 '지나치게 집중하지 않는' 태도에 대해 조금 더 이야기해보면 그 기본은 객관성을 유지하는 것이라 할 수 있다. 모든 것을 주관적으로 판단하다보면 주위 상황에 대해 올바르게 인식하는 데 한계가 생기기 마련이다. 결국 문제의 본질을 이해하는 데 실패하고 만다. 문제를 제대로 파악하지 못한 상태에서는 당연히 이를 해결하기 위해서 더 많은 시간이 필요하다. 따라서 더 나은 판단을 위해서는 차라리 기존의 이론을 따르는 편이 더 낫다. 체계적으로 정리된 이론을 따름으로써 감정적 고양을 억누를 수 있기 때문이다.

흔히 쉽게 흥분하지 않고 냉정함을 유지하는 태도도 타

고난 성격에서 비롯된다고 여기곤 한다. 하지만 실제로는 그렇지 않다. 냉정함이라는 것은 용의주도한 예측의 결과다. 다시 말해 문제가 될 수 있는 만일의 상황을 예상하고 이에 대비해 대책을 마련해두기 때문에 당황하지 않을 수 있는 것뿐이다. 이를 위해서는 사전에 충분한 숙고의 시간이 필요하다. 냉정한 태도를 타고난 사람은 없다.

게다가 이렇게 상황을 객관적으로 바라볼 줄 아는 이들은 대부분 남들과 다른 의견을 내는 것을 두려워하지 않는다. 그리고 이를 통해 완전히 새로운 관점을 제안한다. 이들이 다른 사람들과 의견을 달리할 수 있는 이유는 자신만의 사고법을 가졌기 때문이다.

이들의 사고는 하나의 정답을 향해 집중되어 있지 않기 때문에 다양한 가치관을 갖는다. 덕분에 이른바 '소수'에 속하는 이들은 다른 집단을 이해하고 입장이 다른 이들을 존중하는 태도에 익숙하다. 이는 다수의 의견을 그대로 따르는 이들이 놓치고 있는 중요한 부분이다. 소수파는 다소 비상식적인 행동을 목격해도 '모두에게 각자의 사정이 있는 법이지' '사소한 착각을 했을 거야' '악의가 있어서 한 일은 아닐 거야'라는 식의 유연한 해석이 가능하다. 어차피 상식이라는 것도 그저 다수가 옳다고 여기는 사회적 규칙일 뿐이기 때문이다. 따라서 상식을 벗어났다는 생각만으로 헐뜯고 배척하려 들지 않는다. 그보다는 기본적으로 타인을 존중하려는 태도를 우선시한다.

하지만 다수에 속하기 위해 필사적으로 노력하는 사람은 다수에 속하는 것 자체가 가치 있는 것이라 믿는다. 따라서 자신의 기준에 조금만 어긋나도 비난을 시작한다. 그들을 비난함으로써 자신이 다수에 속한다는 사실을 확인할 수 있고 이를 통해 안정감을 얻을 수 있기 때문이다. 때로는 의견이 다른 사람을 적으로 취급하기도 한다. 그들의 사고방식이 상식에서 벗어났다고 배척하는 것이다.

자신의 의견이 다수와는 다르다고 인식하고 있는 소수파는 의견이 다른 이를 만났을 때 적이라고 생각하지 않는다. 의견이 다른 것은 자연스러운 일이며, 오히려 의견이 다르기 때문에 논의를 할 수 있다고 생각한다. 서로 다른 생각을 나눔으로써 더 좋은 결과가 도출된다는 사실을 알고 있다. 논의를 하는 것은 상대를 존중하는 자세를 갖고 있을 때 가능하다.

다수파는 자신의 의견에 반대하는 이가 있으면 그것을 싸움이라고 받아들이기 쉬우며 어떻게든 상대를 설득하려 든다. 소수파는 반대 의견을 일종의 협력이라고 여기며 설득이 어렵다면 서로 양보하며 의견을 일치시켜 가고자 한다.

애초에 모든 사람은 저마다의 생각을 가지고 있는 존재다. 다수가 형성되는 까닭은 그저 세력을 키워 힘을 얻으려는 심리가 작용하는 경우가 많다. 심지어는 의견도 없이 그저 함께하고 싶어서 모여 있을 때도 있다. 덕분에 이해관계가 틀어지면 이들은 금세 분열한다. 억지로 집중하고 있으니 뒤틀리고 마는 것이다.

이 원리는 개인의 머릿속에서도 동일하게 적용할 수 있다. 인간은 기본적으로 자신의 사고를 하나로 정리하려는 경향을 갖고 있다. 실제로는 현재 어느 쪽으로도 평가를 내리지 않은 상태라 하더라도 조금이라도 빨리 입장을 정해야 한다는 강박관념 같은 심리가 작용하기 때문이다. 그리고 재빨리 통일된 의견으로 정리하고 싶은 욕망은 더 이상 그 문제에 대해 생각하고 싶지 않다는 게으른 마음 때문이기도 하다.

하지만 시급한 경우가 아니라면 양쪽 의견에 모두 가능성을 열어둔 채 결정을 조금 미루는 편이 좋다. 현재 자신의 마음이 어느 쪽 의견에 더 가까운지 자각하는 수준이면 충분하다. 그리고 새로운 정보가 유입되면 그때마다 유연하게 의견을 수정하면 된다. 한 번 정한 의견을 끝까지 고수하는 완고한 태도는 생각이 고루하다는 평가를 피할 수 없다. 상대의 의견을 들을 때도 자신의 의견을 과시하지 말고 항상 열린 마음과 적극적인 자세로 귀를 기울일 줄 알아야 한다. 그렇지 않으면 더 이상 타인에게 배울 수도 없으며 논의의 기회도 사라지고 만다.

집중이란

기계처럼 일하라는 뜻

이번 장에서는 집중이나 상식이라는 것이 절대적인 선이 아니며, 오히려 대세와는 동떨어진 마음껏 분산하는 사고야말로 인간이 할 수 있는 새로운 사고의 원동력이라는 이야기를 했다. 내용이 다소 산문적으로 전개되었다고 느낄 수도 있을 듯하다. 하지만 직선의 길을 따라 논증하지 않고 새롭게 떠오르는 다양한 생각을 자유롭게 다루는 사고야말로 기계는 할 수 없는 인간적인, 그리고 창조적인 생산 행위라고 이야기하고 싶다.

실제로 우리는 학교를 다니는 내내(그것이 초등학교이든 대학이든 상관없이) 잡담을 곁들이지 않은 딱딱한 수업을 들을 때마다 몰려오는 졸음을 피하지 못해 괴로워하곤 했다.

집중하지 못하는 것은 인간의 본능이다. 그리고 다른 이야기에 한눈을 팔고 새로운 것에 관심을 기울여 새로운 아이디어를 얻는 것 역시 인간만이 할 수 있는 분산사고의 이점이다.

앞으로 우리 사회의 많은 부분을 더 많은 기계가 담당하게 될 것이고 더 나아가 인공지능이 인간을 대신하는 일 또한 생겨날 것이다. 혹자는 이로 인해 인간이 담당하고 있던 수많은 일자리가 사라질 것이라는 우려의 목소리를 내기도 한다. 하지만 나는 그것이 뭐 대수인가 싶다. 기계에게 맡길 수 있다면 맡기면 그만이다. 그리고 인간은 지금보다 더 자유로워질 것이다. 우리는 그저 그 자유를 통해 얻은 여유를 더 많은 샛길을 탐험하는 데에 쓰며 즐기면 된다.

지금까지 사회가 인간에게 집중하라고 요구한 것은 결국 기계처럼 일하라는 의미와 다름없었다. 그리고 점차 그 요구가 의미를 잃어 가는 시대로 접어들고 있음은 자명한 일이다.

안티

집중력
의

힘

이번 장에서 소개할 내용은

이 책을 기획한 편집자와 진행한 인터뷰다.

이 인터뷰는 '작가의 집중력' 혹은

'작가의 사고법'을 주제로 진행했던 것으로,

나의 작업 방식과 집중하는 방법에 대한 이야기다.

당시 편집자는 '집중력은 옳은 것이다'라는

현재 이 책의 의도와는 정반대의 생각을 기반으로

나에게 여러 질문을 하였다. 하지만 바로 이 인터뷰가

이 책을 집필하게 된 계기가 되었으므로

다른 책에 싣는 것은 낭비라고 생각한다.

참고가 되길 바란다.

　무엇보다 독자들이 염두에 두었으면 하는 것은

집중의 방식에 대한 나의 대답은

결국 나만의 것일 수밖에 없다는 것이다.

나는 당신의 성격도 환경도 지금까지의 삶도 알지 못한다.

만약 안다 하더라도

당신과 나의 사고방식도, 지식도 다르기 때문에

완벽한 정답을 제시할 수 없다.

결국 자신의 문제는 스스로 해결해야 한다.

그리고 그렇게 스스로 체득한 방법은

앞으로 평생 동안 당신의 기반이 되어줄 것이다.

나만의 방식으로 문제를 해결하면

사고방식 또한 변화하며

이를 기반으로 앞으로의 길을 나아가기 훨씬 쉬워진다.

인간은 누구나 그렇게 발전한다.

그 속도가 다를 뿐이다.

여러 질문에 대한 나의 답변을 통해

하나의 요점을 찾아낼 수 있을 테니,

여러분이 직접 각자의 환경과 개성에 맞게

응용할 수 있길 바란다.

한 가지 일을

10분 이상 지속하지 않는다

최근 10년 동안 대중이 접하는 정보의 양이 최고 500배 늘었다는 보고가 있다. SNS와 같은 다양한 소셜미디어의 발달과 함께 많은 이들이 '일에 집중할 수 없다' '늘 시간이 부족하다'와 같은 고민을 토로한다. 때문에 작가의 집중력이나 작가가 정보를 처리하는 방식이 이런 고민을 하는 많은 독자들의 문제를 해결하는 데 유용한 힌트가 되어줄 것이라 생각한다. 이른바 작가의 집중 방식은 무엇인가?

모리 작가는 모두 저마다 다른 자신만의 성향을 가지고 있다. 나는 주로 소설과 에세이를 집필한다. 대체로 소설은 실제 사회와 관련 없지만, 에세이는 우리의 시대나 환경과 밀접한 관계를 유지해야 한다. 이러한 글은 같은 시대, 같은 사회를 살아가는 이들을 대상으로 하기 때문에 이들에게 공감을 얻지 못하면 선택받지 못하는 책, 즉 팔리지 않는 상품이 되어버리고 만다. 따라서 지금의 사회를 이해하고 사회가 갖고 있는 문제는 무엇이며 개인의 대처법은 무엇인지 생각하는 과정이 반드시 필요하다. 이를 통해 독자의 삶이 올바른 방향으로 향할 수 있도록 힌트를 제시하는 것 역시 작가로서의 사명이라고 생각한다. 비록 그 효과가 잠깐의 여유를 가지거나 생각에 잠기는 것일 뿐이라 하더라도 말이다.

소설이든 에세이든, 무엇보다 새로운 생각이 가장 중요하다. 즉, 무엇에 주목할 것인가, 그것을 바탕으로 무엇을 떠올릴 것인가 생각해내야 한다. 이를 위해서는 우선 모든 일에 관심을 갖고 항상 두리번거려야 한다. 그리고 그 무엇에도 얽매이지 않고 자유롭고 순수하게 생각해야 한다. 이 두 가지를 실천하는 것이 가장 중요하다. 그런 의미에서 작가에게 필요한 것은 집중력이 아니라 오히려 정반대의 능력이다. 즉, 집중력이 아닌 '안티 집중력'이 필요한 것이다.

그렇다면 구체적으로 묻겠다. 꾸준히 작품을 출간하는 비결은 무엇인가?

모리　딱히 비결이라 할 만한 것은 없다. 직업이 글을 쓰는 것이기에 그저 집필 의뢰가 들어오면 내가 쓸 수 있는 내용을 골라 시간이 허락하는 범위 안에서 집필하고 있을 뿐이다. 꾸준히 책을 내는 이유는 한마디로 의뢰가 꾸준히 들어오기 때문이다.

그렇다면 꾸준하게 의뢰받는 비결이 궁금해질 것이다. 그 이유는 아마도 지금까지 출간한 책들이 모두 나름대로 상품 가치를 가지고 있기 때문일 것이다. 나는 내가 쓰고 싶은 것을 집필한 적이 거의 없다. 애초에 잘 팔릴 법한 내용을 생각해서 집필을 시작한다. 책이 출간된 후에도 독자의 반응이나 책의 판매량 등을 분석해서 독자가 무엇을 원하는지 고민하고 조금씩 내용이나 집필 방식에 변화를 준다.

나는 내 작품을 결코 절대적인 것이라 신뢰하지 않는다. 다만 수요가 존재하기에 상품을 만들 뿐이다. 아마 책이 아닌 다른 시장의 상품도 마찬가지일 것이다.

다만, 다른 많은 생산자들과 내가 다른 점은 그들은 모두 자신의 제품이 최고라고 철석같이 믿고 있다는 것이다. 그들은 상품의 판매 부진을 광고가 부족하다는 등의 외부 요인에서 찾는다. 하지만 그것은 명백한 착각이다. 오늘날의 대중은 자기가 원하는 상품을 발견했을 때 반드시 반응한다. 광고를 많이 하지 않아도 상품에 대한 정보가 빠르게 널리 전달될 수 있는 환경이 이미 실현되어 있기 때문이다.

작품을 매우 짧은 시간 안에 완성한다고 들었다. 그렇다면 빠르게 작업에 몰입하는 특별한 방법이 있는가? 많은 사람들이 한 가지 일에 오랫동안 집중하지 못한다는 고민을 토로하곤 한다.

모리 솔직히 말하면, 너무 어려운 일이라면 억지로 해내야 할 필요까지는 없다고 생각한다. 어려움을 느끼는 이유는 자신이 고집해오던 방식이 자신에게 잘 맞지 않기 때문이므로 더 손쉬운 다른 방법을 찾아야 한다. 물론 어떤 일이든 힘든 점은 있다. 어려움이 없다면 성취감도 느낄 수 없고 애초에 작업에 임하는 의미도 없을 것이다.

사실 내가 집중해서 집필할 수 있는 시간은 겨우 10분 정도에 불과하다. 이 10분의 시간 동안 약 1,000자 정도의 분량을 쓸 수 있다. 이 정도의 작업을 하고 난 뒤에는 완전히 지치고 질려버리기 때문에 다른 종류의 일을 해야 한다. 보통 이때 나는 무언가를 만들거나 정원에 나가 개와 놀아준다. 인터넷으로 재미있어 보이는 사이트를 찾기도 한다. 그렇게 다른 일을 하는 동안에는 지금까지 쓰던 글의 내용을 완전히 잊고 거들떠보지 않는다.

딴짓의 시간은 5분이 될 때도 있고 2시간이 되기도 한다. 충분히 딴짓을 했다고 생각되면 그때 다시 컴퓨터 앞에 앉는다. 그리고 작업하던 내용을 다시 떠올린다. 그렇게 10분 정도 집중해서 손가락을 놀리는 것이다.

내가 1시간 동안 6,000자 정도를 쓸 수 있다고 했던 것은 연속된 1시간을 의미하지 않는다. 10분 동안 1,000자를 칠 수 있으니 그것을 환산한 수치일 뿐이다. 나는 1시간 동안 꾸준히 집필할 수 없다. 그 선에 지쳐버리고 만다.

사실 지친다기보다는 질리는 것에 가깝다. 더 이상 집중할 수 없는 상태가 되는 것이다. 여기서 질린다는 말은 곧 뇌가 지쳐버렸다는 뜻이다. 따라서 집중하던 대상에서 일단 벗어나야 한다. 기존에 작업하던 것을 완전히 잊고 새로운 일을 해야 한다.

이러한 작업 방식이 책을 쓸 때에만 유효한 것은 아니다. 내 취미는 만들기인데 무언가를 만들 때도 하나의 단계를

10분쯤 지속하면 질려버리고 만다. 그래서 일단 하던 것은 그대로 내버려 두고 다른 새로운 만들기를 시작한다. 이왕이면 완전히 다른 성격의 작업을 선택하는데, 이전에 금속을 가공하고 있었다면 다른 작업에서는 페인트를 칠하고, 이것도 질리면 정원에 나가 삽으로 땅을 파는 식이다. 그렇게 여러 작업을 조금씩 병행해 진행하는 것이 나의 방식이다. 멀티태스킹의 일종이라고 할 수 있겠다.

한 가지 일에 집중하지 못하는 나 같은 인간이 다른 이들만큼 일할 수 있는 까닭은 이처럼 내게 맞는 나만의 방법을 찾아 그 방식대로 일을 진행하고 있기 때문이라고 생각한다.

몰입의

스위치

일단 집필의 단계에 들어서기만 하면 곧장 글쓰기를 시작할 수 있다니 대단하다. '몰입의 스위치'를 켜는 특별한 방법이 있나?

모리 우선 이어폰을 사용해 음악을 듣는다. 평소 음악을 즐기고 싶을 때는 커다란 스피커를 통해 시끄럽게 음악을 틀어두지만 글을 쓸 때는 다르다. 집필을 할 때는 이어폰을 연결해 정해둔 목록의 곡을 듣는다. 그 목록에는 LP 10장 정도의 노래가 들어 있는데 재생 목록은 늘 동일하다. 재생 순서 역시 똑같기 때문에 음악은 귀마개나 다름없다.

일단 목록의 음악이 재생되면 곧장 글을 쓰기 시작한다.

마치 파블로프의 개처럼 조건반사 같은 것이다. 이미 습관이 되어버렸다. 그렇게 10분 동안은 다른 쓸데없는 생각은 접어두고 몰두해서 집필하곤 한다.

그렇다면 정해진 집필의 순서가 있는가?

모리　집필의 단계에서는 아무것도 정해두지 않는다. 글을 쓰는 시간도 마찬가지다. 아침부터 쓸 때도 있고 밤에 쓸 때도 있다. 한번 집필하는 데에는 10분이면 충분하기 때문에 시간대에 상관없이 하루 종일 짬짬이 나누어 쓸 때도 있다. 외출을 해 낮에 글을 쓰지 못했을 때는 저녁 시간을 활용해 쓰기도 한다.

하지만 중요한 것은 어찌 되었든 매일 쓴다는 것이다. 달력에 매일 써야 할 글자 수를 적어두고 그대로 지켜나간다. 이런 방식으로 작업하다 보면 대개 정해둔 마감보다 먼저 작업을 완성하곤 한다. 마감을 지키지 못해 늦은 적은 단 한 번도 없다. 중요한 것은 어떠한 일이 생겨도 무리 없이 계획을 진행시킬 수 있을 정도로 매일의 할당량을 정해두고 반드시 지키는 것이다.

왜 일하는 시간대를 정해두지 않는가?

모리 글쎄, 나도 잘 모르겠다. 그보다 왜 정해야 하는 가? 나는 아침에 일어나는 시간, 밥을 먹는 시간, 목욕하는 시간, 잠자리에 드는 시간이 매일 똑같다. 휴일에도 별반 다르지 않다. 단지 일을 하는 시간만이 제각각일 뿐이다. 집필이 나에게 그리 즐거운 일이 아니어서 그럴지도 모른다.

글을 쓰는 것이 즐겁지 않은가?

모리 솔직히 말해 즐겁지 않다. 가능하다면 취미로 삼고 있는 만들기만 하면서 지내고 싶다. 글을 쓰지 않으면 생계유지가 어렵고 죄책감이 들기 때문에 어쩔 수 없이 계속하고 있을 뿐이다.

그런데 여기서 내가 말하고 싶은 것은 어쩔 수 없이 하고 있기 때문에 꾸준히 할 수 있다는 것이다. 그저 즐겁기만 하다면 결코 오랫동안 지속할 수 없다. 자신도 깨닫지 못한 사이 그 일에 집중해버리고 만다. 결국 점점 더 많은 시간을 투자하고 지나치게 몰입하게 된다. 그러다 보면 분명 걸림돌을 만나게 되고 일이 생각만큼 순조롭게 풀리지 않는 순간이

찾아온다. 결국 즐겁기 위해 집중했던 일에 더 이상 몰입할
수 없는 상태가 되어버리고 마는 것이다. 또 너무 집중한 나
머지 질려버려 결국엔 그 일 자체가 싫어질 위험도 있다.

의욕은

필요 없다

쌓여가는 피로 때문에 일을 꾸준히 하지 못하는 이들도 많다. 피로감으로 인해 아무런 의욕이 들지 않는 번아웃 증후군Burnout syndrome을 호소하는 이들도 늘고 있다. 피로를 풀기 위해서 신경 쓰는 점이 있는가?

모리 그게 바로 나다. 뇌가 지치고 의욕이 들지 않으니 10분 만에 나가떨어지는 것이다. 그리고 이러한 피로감을 해소하기 위해 짧은 주기로 일을 한다. 하지만 회사에서 일하거나 다른 사람과 함께 일해야 하는 직장에서는 혼자서 제멋대로 굴 수 없는 것이 현실이다.

대학교에서 일할 당시 나는 혼자서 자유롭게 연구할 수

있다는 점이 가장 좋았다. 하지만 회의에 참석하거나 서류를 작성하는 등 다른 부가적인 일 역시 나의 업무였기 때문에 이런 일을 처리할 때면 어깨 결림이나 두통에 시달리곤 했다. 하지만 지금은 그런 증상이 전혀 없다. 스트레스가 쌓이지 않는 생활을 하고 있기 때문이라고 생각한다.

의식적으로 휴식을 취하는 것인가?

모리 나는 어렸을 때부터 몸이 약해서 다른 사람들이 해내는 작업량에 미치지 못할 때가 많았다. 겨우겨우 내 몸을 올바르게 사용해 남들만큼 해내는 방법을 배워가야 했다. 나는 사회생활을 시작한 후 40년 동안 한 번도 야근한 적 없다. 끈기를 발휘하지도, 절대 무리해서 일하지도 않았다. 피로로 인한 손실이 더 커서 결국엔 비효율적인 결과를 초래하기 때문이다.

그렇다면 일부러 의욕을 조절하는 것인가?

모리 일부러 신경 써서 의욕을 조절하는 것은 아니고 그저 자연스럽게 놔두었을 뿐이다. 의욕은 일단 시작하면 자연히 발휘되는 것으로, 엔진에 시동이 걸리는 것과 비슷한 것이라고 생각한다. 많은 이들이 아무리 노력해도 일이나 공부가 좋아지지 않는다거나 적극적이지 않은 스스로의 태도에 힘들어하곤 한다. 하지만 소극적인 채로, 싫어하는 마음을 굳이 바꿀 필요 없이 그대로 하면 그만이다. 반드시 해야 하는 일이라면 말이다. 만약 하지 않아도 상관없는 일이라면 그만두면 된다.

'하느냐 하지 않느냐'를 '좋으냐 싫으냐'의 문제로 굳이 치환할 필요는 없다. 굳이 좋아하려는 태도가 오히려 내게는 신기하다. 어떤 일이든 스스로를 속이면서까지 해내야 할 필요는 없다고 여기기 때문이다.

최근에는 일에서 지나치게 즐거움을 추구하는 경향이 강하다 보니 조금만 힘든 일이 생기면 이것은 내가 바라던 직장이 아니었다는 고민에 쉽게 빠져버리곤 한다. 공부와 일은 놀이처럼 즐거울 수 없다. 괴로운 것이 당연하다. 괴롭더라도 미래를 위해 꾸준히 임할 뿐이다.

그러니 나에게는 애초에 의욕 같은 것은 전혀 없어서 조절하고 말고 할 것이 없다. 일을 하는 이유는 생계를 유지하기 위해서이며 노동의 대가로 내가 좋아하는 일을 할 수 있고 어느 정도의 자유를 손에 넣을 수 있다는 것이 의미 있을 뿐이다. 이것이 내가 글을 쓰는 유일한 이유라고 할 수 없지만 상당히 큰 부분을 차지하고 있는 것은 확실하다.

다만, 마지못해 하는 일이라고 해도 그 안에서 작은 즐거움을 발견할 수는 있다. 이러한 긍정적인 요소는 분명 존재한다. 아마도 이런 소소한 긍정적 효과를 일의 즐거움이나 일의 보람으로 생각하는 것은 아닐까.

일을 시작조차 못하는

사람이라면

일을 시작하는 방식은 어떠한가? 많은 이들이 일을 시작하는 것 자체에 어려움을 느낀다.

모리 나 역시 작업의 첫 시작은 쉽지 않다. 일이든 취미 활동이든 어떤 일이건 가장 큰 고비는 그것을 시작할 때 찾아온다. 시작이 가장 어렵다. 물건을 옮길 때도 처음에 가장 큰 힘이 필요하다. 일단 움직이기 시작하면 그 후에는 비교적 작은 힘으로도 나아갈 수 있다.

이는 정말로 이 행동이 필요한지 스스로를 설득하는 단계에서도 마찬가지다. 이 일이 가치가 있는 것인지, 성공할 가능성이 있는지 일을 시작하기 전 수많은 망설임이 나를 가로막는다. 나는 다양한 상황을 미리 예측하고 준비해두어야 직성이 풀리는 인간이기 때문에 작업을 시작하기 전에 대강의 결과를 예측해두어야 직성이 풀리곤 한다. 따라서 일이 잘 되어도 이 정도의 결과와 만족감을 얻을 것이라는 생각이 들면 일에 대한 기대가 반감되고 결국 일을 시작하지 못한다.

하지만 작가로서의 일은 나에게 즐거움을 주지는 않을지라도 인세라는 최소한의 보상이 보장된다. 취미일 뿐인 만들기는 완성한다 해도 타인에게서 아무런 대가를 얻을 수 없다. 그저 자기만족을 위해서 만들 따름이다. 때문에 자신이 이 활동으로 얼마만큼의 만족감을 얻을 수 있는가라는 의문을 품기 시작하면 결코 어떠한 일도 시작할 수 없다.

결론부터 말하자면 모든 일은 일단 시작하면 그만큼의 즐거움이 돌아오며, 설령 크게 실패하더라도 나름의 배움을 얻을 수 있다. 그러니 일단 시작만 하면 된다. 그런데 좀처럼 엉덩이가 떨어지지 않는다. 이렇게 하루하루 시작하는 날은 조금씩 미뤄지는 것이다.

바로 이때, 또 다른 내가 필요하다. 또 다른 나는 마치 운동선수를 격려하는 감독과도 같다. 감독관으로서의 나는 방을 정리하거나 작업에 필요한 재료를 준비한다. 소설 집필을 앞둔 때라면 컴퓨터 폴더를 만들어 제목과 목차를 정리하고 등장인물의 관계도를 그리기도 한다.

일을 제때 시작하려면 내 안의 감독관과 함께 만반의 준비를 끝내두어야 한다. 반드시 시작할 수밖에 없을 정도로 스스로를 몰아붙이고 도저히 딴 짓을 할 수 없는 상황을 만들어 놓는 것이다. 바로 이것이 또 다른 내가 맡은 역할이다.

하지만 방이 지저분해서 집중할 수 없다, 도구가 없다, 아직 결정하지 못한 일이 있다며 일을 미루는 나도 여전히 내 안에 함께 존재한다. 그렇기에 더더욱 감독관의 역할은 중요하다. 게으른 내가 아무런 변명을 할 수 없도록 감독관으로서의 나를 내세워 작업의 환경을 만들고 작업을 시작할 수 있도록 스스로를 격려하는 것이다.

분산하고

발산하라

그렇다면 막연하고 추상적인 것을 생각해내야 할 때, 즉 새로운 아이디어를 떠올리기 위한 비결은 있는가? 책 제목을 생각하는 데에 반년이 걸렸다는 이야기를 들은 적이 있다.

모리 무척 어려운 질문이다. 솔직히 말해 잘 모르겠다. 결국 아무런 비결도 없기 때문에 시간을 들이는 수밖에 없다고 생각한다. 우리의 뇌는 기계가 아니다. 그래서 땅에 심은 씨앗이 싹틀 때를 기다리듯 충분한 시간이 필요하다. 새로운 생각이란 그런 것이다. 어떻게 생각하고 어떤 방식으로 계산하면 떠오른다는 식의 방법론은 존재하지 않는다. 그러한 공식이 있었다면 제목을 생각해내는 데에 반년씩이나 걸리지 않았을 것이다.

다만, 땅에서 자란 싹을 발견하는 것은 각자의 가치관에 달려 있다. 훌륭한 새싹을 가려내는 눈이 필요하기 때문이다. 이는 어떤 면에서는 경험적이지만, 또 다분히 객관적이기도 하다. 지금 생각해낸 아이디어가 쓸 만하다는 판단, 그렇다면 이 아이디어를 어떻게 가공해야 하는지, 또 이것을 다른 사람들은 어떻게 생각할 것인가 하는 나의 추측과 타인의 시점에 근거한 관찰이 모두 필요하다.

반년 동안 제목을 생각하긴 했지만 당연히 6개월 내내 그 문제만을 생각한 것은 아니다. 그저 그 기간 동안 잊지 않고 하루에 한 번씩 제목을 고민하는 시간을 가졌다. 하나의 주제에 대해 꾸준히 관심을 쏟고 있으면 다른 것을 볼 때 그 문제와 관련된 해답을 연상해낼 수 있다. 다양한 새로운 것을 접할 때마다 혹시 이것을 활용할 수 있지 않을까, 내가 가지고 있는 문제와 비슷한 면이 있지는 않은가 하고 연관지어 생각하는 것이다. 이 과정에서도 역시 집중하는 태도는 어울리지 않는다. 오히려 집중하지 않는 것이 가장 중요하다.

일단 새로운 아이디어를 떠올리는 것에 성공했다면 나머지는 식은 죽 먹기다. 남은 일은 단순한 계산을 하는 것과 비슷하다. 목적지의 방향을 가리키는 이정표를 발견했다면 남은 것은 묵묵히 걷는 일뿐이다. 소설을 집필할 때 나는 일단 주제가 정해지면 열흘에서 2주 안에 모든 집필을 끝낸다. 물론 하루 1시간의 작업으로 말이다.

새로운 생각을 얻고자 할 때 집중하지 않는 사고가 중요하다는 말은 어떤 의도인가? 좀 더 구체적으로 설명해달라.

모리　분산이라고 해야 할지 발산이라고 해야 할지, 하나의 점에 집중하지 않은 상태가 새로운 생각을 떠올리기에 적절한 환경이라고 생각한다. 우리의 뇌는 한 가지에 집중하면 제한된 정보에만 접근할 수 있다. 하지만 아이디어를 떠올리기 위해서는 새로운 데이터, 전혀 관련이 없는 정보에도 폭넓게 접근하는 태도가 필요하다. 만약 집중해서 보고 있는 곳에 답이 있다면 이러한 사고의 단계는 전혀 필요하지 않다. 그저 계산을 끝내는 순간 결과가 도출된다. 하지만 새로운 것을 고안해내는 것은 단순한 계산만으로는 떠올릴 수 없는 것이 일반적이다. 그 새로운 생각이 집중하고 있었던 지점에서 멀리 떨어진 것일수록 아무도 생각해내지 못한 획기적인 아이디어라고 평가 받는다. 물론 멀리 있는 정보일수록 이를 취합하기 위한 생각과 사고의 범위도 확장되어야 한다. 사고의 범위가 점차 방대해지는 것이다. 결국 이 그 모든 것을 연관 짓는 것은 깨달음과도 비슷한 한순간의 연상이다.

　　이를 위해선 앞서 지적했던 바와 같이 우선 충분히 많은 관련 정보를 살펴봐야 한다. 당장 눈앞에 있는 것이나 기존의 개념에 얽매이지 말고 전혀 관계가 없어 보이는 것들을 연결하거나 상식에서 벗어난 해석을 하고, 쓸데없는 데 주목하거나 다양한 금기를 머릿속에서 깨부수는 시도도 필요하다. 다 시점의 사고가 필요한 것이다. 물론 한편으로는 그것들을 객관적으로 관찰하고 대상에 대한 사회적 평가를 놓치지 않는 것도 중요하다. 이것이 바로 새로운 생각을 위한 발산과 분산의 사고이다.

　　그렇다면 도대체 어떻게 해야 그러한 '분산'이나 '발산'의 사고를 할 수 있는지 묻고 싶어진다.

　　모리　지금 나에게 요구한 이러한 방법론적인 결론이 결국 집중 사고의 전형이다. 바람직하다고 여겨지는 방법을 찾아내 그것만을 추구하는 것이다. 어떠한 정답도 없다고 생각하는 것이 분산사고, 발산사고의 기본이다.

'발산'과 '집중'을 '확산'과 '수축'이라고 바꿔 말할 수 있을 것 같다. 각각의 상태는 어떤 원리에 따라 작동하는가?

모리 앞서 다시점의 중요성과 머릿속에 존재하는 감독관으로서의 또 다른 내가 존재한다고 말한 바 있다. 분산이란 그러한 다양한 내가 개별적으로 행동하는 상태다. 반대로 집중은 이들이 같은 일을 협력해서 하는 상태라 할 수 있다. 따라서 자유롭게 흩어져 활동하던 이들을 일제히 모아 엄격한 통제 아래 두는 일, 즉 집중하는 것은 꽤 어려운 일임에 틀림없다. 그렇기 때문에 빠르고 간단히 집중의 상태로 전환할 수 있는 사람이 많지 않은 것이다.

보통 우리의 뇌는 오랜 교육의 영향으로 집중하는 사고에 더 익숙하다. 하지만 언제나 엄격한 통제 아래에만 있을 수는 없다. 이러한 상태에서는 어떠한 새로운 것도 떠오르지 않는다. 이는 마치 아이디어를 생각해내자고 모여서 똑같은 계산을 하고 있는 것과 같다. 이런 상태에서는 결코 다양하고 새로운 정보에 접근할 수 없다. 집중의 사고만이 가능한 이들이 새로운 아이디어를 떠올리려면 어떻게 하면 좋을지 그 방법론에만 매달리는 이유가 바로 여기에 있다. 더 이상 방법론에 매달리지 않고 스스로를 옭아매는 통제에서 벗어난 자유로운 확산의 상태에 익숙해졌을 때 진짜 새로운 생각을 만날 수 있다.

어떻게 남들과 다른 사고를

할 수 있을까?

그렇다면 독립적인 사고는 어떤 의미인가? 작가로서 다른 사람과 똑같은 생각을 하게 될까 봐 두렵지 않은가?

모리 우리가 흔히 말하는 생각한다는 행위는 그저 세상의 상식이나 적당한 지식에 비추어본 것, 혹은 많은 의견 중에서 하나를 선택한 수준에 불과할 뿐, 사실 진정으로 사고한 경우는 많지 않다. 예를 들어, 초록색 보행 신호를 보고 횡단보도를 건넜다면 우리는 초록색이 안전하다고 사고한 것일까? 실은 단순히 반응하고 사회적 기준에 맞춘 것일 뿐, 스스로 생각한 것은 아니다. 실제로 도로의 상황을 직접 확인한 것도 아니고 신호등의 신호를 어디서 제어하고 있는지 생각한 것도 아니다.

사실 일상생활에서 우리는 거의 생각하지 않는다. 생각을 한다는 것은 상당한 에너지를 필요로 하는 일이며 쉽지 않은 일이다. 하지만 인류가 이렇게 발전한 이유가 꾸준히 사고하고 생각한 덕분임을 잊지 말아야 한다.

사회생활을 할 때에도 영리하게 생각하는 사람은 그렇지 않은 사람보다 훨씬 유리한 위치를 차지할 수 있다. 일에서 성공하고 주위의 인정을 받을 수 있다. 이를 바탕으로 사회적으로 더 좋은 위치에 설 수 있다. 무엇보다 자신이 좋아하는 일을 하기가 쉬워진다. 더 자유로운 상태가 되는 것이다.

다른 사람과 똑같은 사고를 하게 될까 봐 걱정하는 것은 진짜 생각을 하지 않고 있다는 증거다. 그저 분위기를 보고 반응하고 있다면 다른 이들과 똑같아지기 쉽다. 방송이나 좋아하는 연예인의 발언에 휘둘리기 쉽다. 주변 사람의 말에 신경을 쓰고 가까운 사람이 했던 말이 머릿속을 가득 채워버리고 만다. 그것은 결국 나만의 생각을 갖지 못하는, 스스로 생각하지 않는 상태라고 할 수 있다. 우리는 모두 생각하지 않는 상태에 대해 경각심을 가져야 한다.

그렇다면 일상생활에서 깊은 사고를 위한 훈련을 하고 있는가? 독서가 그 방법에 적합할까?

모리 꾸준한 독서가 지식을 얻는 데 상당히 효과적이고 바람직한 방법이라는 데는 전적으로 동의한다. 단, 독서는 애초에 사고력과는 관계가 없다고 생각한다. 책을 많이 읽든 전혀 읽지 않든 마찬가지다. 이는 야구 책을 많이 읽는다고 해서 야구 실력이 늘지 않는 것과 비슷하다.

요컨대 독서는 입력의 과정이지만 사고는 이를 바탕으로 이루어낸 결과에 가깝다. 따라서 야구를 잘 하려면, 피아노를 잘 치려면 내가 직접 연습하는 수밖에 없다. 지식이 부족해서 야구를 못하고 피아노를 치지 못하는 것이 아니다. 진짜 사고를 위해서는 내가 직접 사고를 연습하는 수밖에 없다.

작가가

정보를 얻는 법

집필을 위한 다양한 정보는 어디서 얻는가?

모리 대게 인터넷이나 잡지를 통해 얻곤 한다. 정보란 사고를 위한 재료다. 그 재료를 가지고 무언가를 만들어내는 것이 사고의 작업이다. 가공하지 않고 결과를 내놓는 사람은 그저 정보에 반응하고 있을 뿐이다.

의식적으로 관심의 범위를 넓혀야 한다고 생각하는가? 만약 그렇다면 어느 정도의 의지를 가지고 정보를 받아들여야 하는가? 세간에서는 교양을 기르기 위해서는 호기심을 가져야 한다고 이야기한다. 아이의 호기심을 자

모리 내가 다양한 정보를 얻으려 노력하는 것은 곧 관심의 범위를 넓히고 이를 통해 사고의 범위까지 확장시키기 위해서다. 물론 다분히 의도적으로 그렇게 하고 있다. 직업적으로 필요해서라기보다는 개인적인 호기심 때문인 경우가 더 많다. 단, 단순히 알고 싶은 것 말고 생각하고 싶은 것을 받아들이려 노력한다.

만들기를 좋아하는 나는 다양한 재료를 이용하고 새로운 재료를 활용하는 것을 좋아한다. 그래서 재료를 사러 가면 새롭게 활용할 만한 것은 없는지 둘러본다. 무엇을 만들지 정해두진 않는다. 사물을 봤을 때 떠오르는 영감을 소중히 여기기 때문에 무엇에든 관심을 두는 것이다.

그렇다고 새로운 재료를 모으는 것이 취미는 아니다. 이는 그저 재료 수집가에 지나지 않는다. 재료에 관심을 두는 까닭은 그것을 활용해 새로운 무엇인가를 만들고 싶기 때문이다.

다시 말하면 새로운 정보가 나에게 변화를 가져다준다는 사실을 알고 있기 때문에 두근거리는 것이다. 내가 그것을 어떻게 받아들이고 생각할 것인지가 진짜 재미인 것이다.

77

아이는 기본적으로 호기심을 가지고 있는 존재다. 그런데 그 호기심을 어른들이 없애버린다. 어른이 관심을 끌고 싶은 것을 보여주고 귀엽지 않느냐고 물으며 아이가 가져야 할 감상까지 제한한다. 귀여운 동물을 보고 냄새가 난다고 생각하는 아이도 있으며, 밤하늘에 가득한 별을 보고 두드러기 같다고 말한 아이도 있다. 바로 이것이 아이들만의 독창적인 사고다. 많은 어른이 어떤 식으로 아이들의 순수한 사고를 망치는가를 우선 깨달아야 한다.

발상의 원천이 되는 재료는 어디서 오는가?

모리　재료는 어디서든 얻을 수 있다. 자신이 하고 있는 일에도 발상의 재료는 숨어 있다.

내가 관심을 가지는 것은 일상적인 주제가 아닌 경우가 많아서 주로 인터넷을 통해 정보를 찾아다닌다. 자료를 조사하는 것은 이미 내가 생각해야 할, 이른바 고유의 문제를 품고 있는 주제가 정해졌다는 의미로 추구하는 방향 역시 확실히 정해진 상태다. 따라서 이미 문제 해결 작업에 들어간 단계라고 할 수 있다. 하지만 진짜 중요한 것은 문제를 발견하는 그 최초의 단계로, 이때는 주제가 정해져 있지 않다.

메모는 하지 않는다고 했는데 모아놓은 자료들은 어떻게 관리하는가?

모리 전부 머릿속에 넣어둔다. 중요한 것은 이 단계에서는 어떤 정보를 기억할지 말지 취사선택조차 하지 않는다는 것이다. 일단 한 번 보거나 듣거나 읽은 것은 전부 머릿속에 넣어둔다. 그중, 중요하지 않은 것은 점점 잊어갈 뿐이다. 메모는 작업이 어느 정도 진행된 상당히 구체적인 단계에 이르렀을 때 필요하다. 무언가를 생각하기 위해 자료를 모으는 것은 메모 이전의 단계라고 할 수 있다.

만들기를 예로 들자면, 공장에서 생산된 조립 상품의 경우 대부분 상품 안에 부품이 적힌 목록과 만드는 순서를 알려주는 안내서가 동봉된다. 하지만 무엇을 만들지부터 어떤 재료를 사용할 것인지 스스로 정해야 하는 완전히 새로운 무언가를 만드는 작업에는 어떠한 것도 사전에 갖춰져 있지 않다. 우선 스스로 모양을 잡아가면서 생각하고 부족한 재료가 있다면 조달하고, 문제가 발생하면 설계를 수정하면서 완성해내야 한다. 때문에 애초에 메모가 있다 한들 별 소용이 없다.

무엇인가를 생각한다는 것은 수학 문제처럼 정해진 공식을 따르는 것으로 해결되지 않는다. 시행착오의 반복이며 왔던 길을 다시 돌아가거나 완전히 새로운 다른 길을 찾는 과정이다.

　　따라서 찾아냈던 자료를 아무리 관리하고 정리해도 무의미하며 그런 것이 있으면 오히려 사고를 제한할 뿐이다. 그 자료를 사용해야 한다는 강박을 가지게 될 수도 있고 활용하지 않으면 아깝다는 생각이 들 수도 있다. 결국 자유롭지 못한 사고가 되어버리는 것이다.

저장하지 않으니

고갈되지 않는다

하루에 1시간만 일을 한다고 했는데, 그 이유는 무엇인가? 글이 잘 풀려서 몰입할 때에도 이 원칙을 지키는가?

모리 물론 더 많이 일할 때도 종종 있다. 하지만 웬만하면 한 번에 10분, 하루 1시간의 집필 시간을 유지하려고 노력한다. 내가 이 원칙을 지키려고 하는 이유는 내가 쉽게 지치는 인간이기 때문이다. 컨디션이 좋지 않으면 작업에도 크게 영향 받는다. 여러 시행착오 끝에 하루에 총 1시간 정도의 집필 시간을 유지하는 것이 가장 효율적이라고 결론지었다.

나는 집필하는 내내 굉장히 빠른 속도로 다양한 생각을 한다. 동시다발적으로 여러 가지의 생각이 폭발적으로 떠오른다. 지금 쓰는 장면의 영상이 재생되면서 동시에 과거와 미래의 이야기도 떠오르는 식이다. 아마 그렇기 때문에 10분 정도의 작업시간으로도 충분한 효율을 내고, 또 그만큼 빨리 지치는 것이라고 생각한다.

그렇다면 많은 이들이 궁금해 하는 것에 대해 묻겠다. 어떻게 그렇게 꾸준히 결과물을 낼 수 있는가 하는 점이다.

모리 애초에 저장해두지 않으므로 계속할 수 있다고 생각한다. 아무리 저장해 둔 아이디어가 많이 있다고 해도 계속 꺼내다 보면 어느 순간 고갈되고 만다. 모아둔 소재가 있더라도 모두 소진해버리면 더 이상 아무것도 할 수 없다. 이런 식으로 슬럼프에 빠지는 작가도 있을 것이라 생각한다.

나는 저장해둔 것이 없다. 아이디어 수첩도 없다. 항상 무無의 상태에서 글쓰기를 시작하고, 그렇게 무엇이든 쓰다 생각난 것으로 작품을 완성한다. 부족한 재료는 그때그때 조달하지만 애초에 모아두었던 것은 아니다. 나의 창고는 항상 텅 비어 있다. 그래서 같은 방법으로 언제까지나 반복할 수 있다.

그렇다면 집필하기에 적당한 환경을 조성하는 데에도
신경을 쓰는가?

모리 그렇다. 불편하거나 청결하지 못한 상태, 혹은 신
경 쓰이는 것이 눈앞에 있는 상황에서는 글을 쓰기 힘들다.
작업에 적합한 환경을 준비하는 것은 나에게 기본적인 준비
단계다. 편안한 의자와 타이핑하는 데 편리한 키보드를 준비
하는 것도 빼놓을 수 없다.

하지만 모두가 나의 방식을 따라야 한다고 말하는 것은
아니다. 중요한 것은 자신이 편안하다고 느끼는 대로 하는 것
이다. 작업 환경에 신경을 쓰고 싶은 사람은 환경을 조성하면
되고, 그다지 영향을 받지 않는 사람이라면 그저 편한 대로
작업을 시작하면 된다. 더 나은 작업을 위한 특별한 방법이나
환경을 준비해야 한다는 식의 허황된 광고에 현혹되지 말아
야 한다.

편안한 마음을 유지하는 것이 집중력을 높이는 데 도움
이 된다고 생각하나?

모리 편안하고 고요한 마음 상태는 새로운 생각을 떠올

리는 데 적합하다. 집중력은 오히려 조금 긴장감 있는 상태에서 더욱 활발하게 발휘되는 것이라 생각한다. 적어도 나의 경우에는 그러하다.

마감을 할 때는 어떠한가? 데드라인을 정해두고 작업의 속도를 올리는 편인가?

모리 마감은 반드시 지켜야 하는 것이다. 오로지 그 전까지 끝내야 한다는 선택지밖에 없다. 나는 작업의 마감 날짜를 나의 계획에 맞추어 따로 정해두는 편이다. 따라서 마감 기한에 맞추기 위해 작업의 속도를 올리거나 급하게 끝내는 일은 없다. 마감 날짜를 지키지 못한 적도 없다.

하지만 마감을 이용해 작업의 속도를 올리고 의욕을 끌어올리는 사람도 있다는 것을 안다. 다른 사람에게 쫓기지 않으면 달리지 못하는 것과 같은 이치일지도 모른다. 개인의 자유를 보장하는 데에는 그다지 효과적이지 못한 방법이라고 생각하지만, 자신에게 그런 방식이 맞는다면 무슨 상관이겠는가?

한 번에 여러 개의 결과물을 만들어내기도 하는가?

모리 나의 작업 방식은 절대로 하나의 대상에 집중하지 않는 것이다. 때문에 글을 쓸 때도 여러 개의 만들기를 함께 진행한다. 글을 쓰는 작업도 두 가지 원고를 동시에 진행할 때도 있지만 후속 작업의 일정을 조정하는 데에 힘이 들어 가능한 책 작업은 동시에 진행하지 않는다.

Part 3

공학박사와 베스트셀러 작가

두 가지

삶의

비결

우리는 집중하도록

설계되었다?

　　　　지금까지는 사회적인 통념과 달리 집중하지 않는 태도가 새롭고 합리적인 결과를 위한 원동력이라는 이야기를 했다. 이번 장에서는 보다 본격적으로 분산사고에 어떤 이점이 있는지 정리하고자 한다.

　　지금까지 집중의 반대 개념으로 분산이나 발산과 같은 표현을 사용했다. 하지만 이러한 표현이 여전히 우리에게 낯선 개념으로 다가오는 것 또한 사실이다. 이는 그만큼 우리 사회가 지나치게 집중하는 것을 강조해왔다는 증거라고도 할 수 있다. 우리는 '집중적으로 투자하는 것이 효과적이다'라거나 '우선 목표를 달성할 때까지 무조건 집중해야 성공할 수 있다'라는 식의 조언을 자주 듣는다. 하지만 이와 상반

되게 '더 분산시키자' '발산해서 생각하자'라는 표현은 생소하기만 하다. 집중의 반대 상태를 긍정적인 의미로 지칭할 만한 개념조차 없기 때문에 적당한 단어가 떠오르지 않는 것이다.

그렇다면 왜 우리는 이토록 집중에 집중하는 것일까?

이는 인간의 신체 구조를 이유로 설명할 수 있다. 인간은 두 개의 눈을 가지고 있음에도 한 번에 다른 곳을 볼 수 없다. 우리가 눈을 통해 인식할 수 있는 영상은 언제나 하나다. 고개를 움직여 시선을 이동시킬 수는 있지만 한정된 범위 안에서 일정 정도의 시간 동안 하나의 대상을 바라보고 초점을 맞추지 않으면 대상을 인식하거나 관찰할 수 없다.

귀는 동시에 여러 소리를 들을 수 있기는 하지만 이를 식별하지는 못한다. 가끔 많은 사람들이 동시에 내뱉는 이야기를 구분해서 들을 수 있는 천재가 등장하기도 하지만 그것은 예외적인 이야기일 뿐이다. 다시 말해 눈으로 보는 행위나 귀로 듣는 행위 모두 두뇌에 의해 인식의 범위가 제한된다.

행동의 범위 또한 대체로 하나로 제한될 수밖에 없다. 동시에 여러 가지 일을 하는 것은 상당히 어렵다. 피아니스트는 오른손과 왼손으로 각기 다른 선율을 연주할 수 있지만 이는 피아노를 배우지 않은 일반인이 금세 흉내 낼 수 있는 일이 아니다. 게다가 아무리 유명한 피아니스트라 하더라도 리듬이 같은 동일한 곡을 치는 것이 가능할 뿐 장르와 빠르기가 완전히 다른 두 곡을 동시에 치는 것은 불가능하다.

하지만 동시에 여러 가지 일을 해내는 것은 컴퓨터나 기계에게는 딱히 어렵지 않다. 컴퓨터는 동시에 여러 가지 프로그램을 운용하는 데 아무런 제한이 없다.

기계와 달리 인간에게는 물리적인 제약이 존재한다. 그저 그렇게 주어졌다고밖에 할 수 없다. 어쩌면 바로 이런 이유로 우리 사회가 집중할 것을 이토록 강조하고 중요하게 여기는 것일지도 모른다.

집중만 하기에

인간은 너무 뛰어나다

하지만 아무리 인간의 신체가 집중에 적합하게 설계되었다 하더라도 인간 두뇌가 오직 육체를 제어하는 기능만을 담당한다고 하기에는 지나치게 발달한 것 역시 사실이다. 인간의 두뇌는 다른 동물들과 달리 생명을 유지하는 것 외에도 온갖 생각과 사고가 가능하도록 꾸준히 발달해왔다.

우리는 지금 눈앞에 있는 대상뿐만 아니라 지금 여기에 없는 것, 타인의 일, 아직 일어나지 않은 미래의 일까지 상상력을 발휘해 생각할 수 있다. 그리고 이러한 상상력의 발휘는 신체를 능숙하게 제어하는 동안에도 아무런 어려움 없이 할 수 있다. 걸으면서 책을 읽을 수도 있고 음악을 들으면서 그림을 그릴 수 있다. 또 매우 중요한 작업을 진행하면서 동시에 오늘 저녁 메뉴로 무엇을 먹을지 생각할 수도 있다.

물론 이러한 사고가 생명을 유지하는 데 도움이 되지는 않는다. 그저 하나의 생명체로만 인간을 바라보면 이는 과잉된 활동이라고 할 수 있다. 하지만 이러한 사고 활동 덕분에 인간은 식량을 비축하거나 맹수가 나타나기 전 경계 태세를 갖추고 대책을 세울 수 있었다. 그리고 이러한 능력은 확실히 인간이 지금까지 살아남는 데 유리하게 작용했다. 바로 이점이 다른 동물보다 운동 능력이 떨어짐에도 지금까지 인류가 살아남을 수 있었던 이유다. 또한 두뇌의 발달이 자연을 탐구하고 철학이나 수학, 문화의 발전에도 이바지했다는 사실은 두말하면 잔소리다.

만약 식량을 얻는 것이 무척 어려운 일이고 따라서 그것에만 집중해야 하는 상황이라면 우리는 단지 그 활동에만 집중하는 수밖에 없다. 식량을 구하고 난 뒤 나머지 시간에는 그저 잠을 자는 것이 유일하게 가능한 활동일 것이다. 실제로 많은 야생동물은 그렇게 살아간다.

하지만 인류는 다 함께 협력하여 그 어려움을 완화시켰다. 누군가가 사냥에 성공하면 다 함께 나누어 먹고 누군가가 망을 보면 많은 이들은 안심하고 잠들었다. 그렇게 작업을 분

담함으로써 먹고 사는 활동에 집중해야 할 필요가 없는 사람들이 생겨났고 그들은 다른 작업을 할 수 있게 되었다. 그리고 이렇게 탄생한 여유가 집단으로서의 능력을 높였다. 분산의 기원은 여기에 있다.

집단의 형성으로 생긴 여유는 개인에게도 영향을 주었다. 한 가지 일에 집중해야 하는 상황에서 벗어나 여러 대상에 관심을 가지는 것이 가능해진 것이다. 이러한 생활 속 여유가 과도하게 발달한 인간의 두뇌와 맞물려 우리 인간은 더욱 활발하게 호기심을 발현시킬 수 있는 기회를 갖게 되었다.

우리의 뇌는

이미 분산에 익숙하다

　　　　사고나 행동의 대상이 여러 개로 분산되면 개인의 내부에서도 공유가 시작된다. 육체를 나누는 것이 가장 이상적이겠으나 이는 불가능하므로 우리는 시간을 쪼개 차례에 따라 작업을 수행하는 방식을 택했다. 마치 학교의 시간표를 따르는 것처럼 말이다.

　　그렇다면 학교에서는 왜 동시에 여러 과목을 가르치는 것일까? 만약 집중력이 배움에 가장 중요한 요소라면 1년에 한 과목만을 배우는 것이 더 효율적일 것이다. 하지만 세계의 어느 학교를 가더라도 그런 식으로 학생을 가르치는 곳은 찾을 수 없다. 시간을 나누어 여러 과목을 동시에 학습하는 것이 더 효율적이라는 공통된 인식이 자연스럽게 형성되어 있기 때문이다.

　이는 우리의 두뇌가 정보를 기억하는 방식과도 연관 있다. 우리의 뇌는 수많은 연결 고리로 이어져 있어 전혀 관련 없어 보이는 정보 역시 이러한 신경망의 구조에 따라 분산되어 입력된다. 결국 일정한 시간을 공유하며 동시에 여러 과목을 분산해 입력하는 학습 방식이 더욱 적합한 것이다.

　우리의 육체는 절대로 여러 개로 분할할 수 없다. 하지만 두뇌는 육체보다 훨씬 유연하다. 어쩌면 꾸준한 연습을 통해 동시에 두 가지 문제에 대한 해답을 생각할 수 있게 될지도 모른다. 그러나 언제 성공할지 장담할 수 없는 목표에 매달리기보다는 짧은 시간에 행동이나 사고를 전환하는 시간 공유 시스템에 익숙해지는 쪽이 더 효율적이다.

　나는 오른손잡이이기도 하고 왼손잡이이기도 하다. 어렸을 때는 양손을 모두 썼다. 글씨를 쓰는 것은 물론이고 운동도 어느 쪽이 더 낫다고 할 수 없을 만큼 실력이 비슷했다. 중학교 때 나는 탁구를 치는 것에 완전히 빠져 있었다. 그러다 오른손이 골절된 적 있었는데 오른손이 다 회복되기까지 참지 못하고 멀쩡한 왼손으로만 탁구를 치곤했다. 덕분에 라켓을 쥐고 하는 운동은 왼손으로밖에 할 수 없게 되었다. 하지만 이것을 제외하고는 거의 모든 행동을 양손으로 다 할 수 있다.

예를 들면 이런 식이다. 양손에 펜을 쥐고 오른손으로는 '가, 나, 다, 라'를 적으면서 왼손으로는 '아, 자, 차, 카'를 쓸 수 있다. 이때 나의 눈은 아주 짧은 시간에 좌우를 번갈아 응시하면서 내가 쓰는 글씨를 확인하고, 동시에 나의 뇌는 눈이 인식한 좌우의 글자를 번갈아 가며 인식한다. 하나의 육체로 동시에 다른 글씨를 쓰는 두 가지 행동을 위해 자연스레 시간을 공유하고 있는 것이다.

양손으로 동시에 글씨를 쓰는 것이 가능하다고 해서 내가 특별한 것은 아니다. 동시통역을 하는 사람이나 한번에 여럿을 상대로 장기를 두는 사람도 있다. 모두 꾸준한 연습을 통해 시간을 공유하는 작업 방식에 익숙해진 사람들이라고 할 수 있다.

시간을 효율적으로

쓸 수 있다

　　이렇게 시간을 공유함으로써 다양한 일을 동시에 진행하는 것이 분산사고의 시작이다. 최근에는 이러한 작업 방식을 지칭하는 멀티태스킹이라는 단어가 널리 사용되고 있으며 많은 이들이 이를 이상적인 작업 방식이라 여기고 있다. 지금부터는 분산사고, 즉 멀티태스킹의 작업 방식이 과연 어떠한 이점을 가지고 있는지 정리해보고자 한다.

　　분산작업의 가장 큰 장점은 무엇보다 낭비되는 시간을 효율적으로 사용할 수 있다는 점이다. 대부분의 작업은 우리가 원하든 원치 않든, 또 많든 적든 곳곳에서 대기해야 하는 시간이 발생한다. 어떤 일이든 쉴 틈 없이 끊임없이 작업이 이어지는 경우는 거의 없다.

가령 요리를 할 때도 음식이 익을 동안에는 일종의 쉬는 시간이 생겨난다. 만들기의 도색 과정에서는 칠이 다 마를 때까지 기다려야 한다. 일반 사무 업무도 대게 많은 이들과 서로 협력하여 진행하기 때문에 마찬가지다. 동료와 일정을 맞춰야 하고 때로는 동료의 작업이 마무리되기를 기다려야 할 때도 있다.

하지만 이러한 자투리 시간을 다른 작업에 활용하면 더 나은 효율을 기대할 수 있다. 그저 멍하니 시간을 낭비하는 것이 아니라 그 시간을 다른 일을 처리하는 데 활용하는 것이다. 시간은 우리가 아무것도 하지 않을 때에도, 생산적인 일에 사용할 때에도 동일하게 흐른다.

나는 무척 성격이 급해서 잠시도 가만히 있질 못한다. 아무것도 하지 않은 채 시간을 흘려보내는 것은 나에게 고통스럽기까지 하다. 편안히 쉬기는커녕 오히려 불안해진다. 나의 이러한 성격 탓에 남들과 협력하는 일에도 서툴다. 나는 약속 시간에는 절대로 늦지 않고 또 약속 시간에 늦는 사람을 기다리지도 않는다. 시간은 돈보다 가치 있는 것이라고 굳게 믿기 때문이다.

그리고 나의 이러한 태도가 한정된 시간을 다양한 작업에 보다 효율적으로 사용하는 데에 기초가 되어주었다고 생각한다. 시간은 한 번 쓰면 되돌아오지 않는다. 쓸데없는 데 시간을 쓰는 것은 그만큼의 비용을 지불하는 것과 같다. 만약 이러한 나의 생각에 공감한다면 분산작업의 이점에 더욱 동의할 수 있을 것이다.

여러 일을

동시에 한다

성미가 급한 나는 어렸을 때부터 매사를 차분히 진행하기보다 서둘러 마무리하는 데 급급했다. 하지만 그 결과물은 대부분 나의 기대에 미치지 못하곤 했으며 이러한 나의 태도는 어린 시절부터 꾸준히 지적받아 오던 것이었다. '끈기를 가지고 차분히 임해보렴.' 나는 얼마나 자주 이런 충고를 들었는지 모른다.

만들기를 할 때에도 나는 접착제가 완전히 마를 때까지 기다리지 못한다. 칠을 한 다음에도 물감이 채 마르기 전에 다음 작업이 하고 싶어져 섣불리 손을 대고 결국 망쳐버리고 만다. 서두른 탓에 작업의 완성도는 떨어지고 엉성한 결과물을 얻는 경우가 허다하다.

모든 것은 한 가지 작업에 집중하지 못하는 나의 태도 때문이다. 빨리 다음 단계로 넘어가고 싶다는 욕구가 강해서 지금 하는 작업에 집중할 수 없고 그 결과 남들보다 작업 속도는 빠르지만 완성도는 낮아진다. 스스로 이러한 성향임을 알고 있으나 굳이 고쳐야 한다고 생각하지는 않았다. 어차피 나를 위한 작업이므로 다른 사람의 칭찬은 상관없다고 생각했기 때문이다.

하지만 이러한 이유 때문인지 어렸을 때의 나는 작업을 완성하기도 전에 포기해버리는 일이 잦았다. 어차피 작업을 계속하더라도 결과물이 만족스럽지 못할 것이 뻔하니 더는 하고 싶지 않았다. 결국 아무런 결과물도 만들어내지 못하는 상태가 되고 말았다.

하지만 어른이 되어 직업으로서의 일을 시작하게 되면서부터 더 이상 이러한 나의 태도가 용납되지 않는다는 것을 깨달았다. 특히 공식적으로 이루어지는 일들은 타인의 평가가 반드시 포함되는 것들이었다. 따라서 원하든 원치 않든 스스로를 타일러가며 차분하고 느긋하게 작업을 진행하는 법을 배워야 했다.

이러한 깨달음을 얻은 지 얼마 되지 않았을 때에는 한눈팔고 싶은 욕구를 끝까지 참고 하나의 작업을 꾸준히 진행해 완성한 적도 있었다. 무척 스트레스를 받기는 했지만 완성하고 난 뒤 찾아오는 해방감과 성취감에 나름대로 뿌듯함을 느끼기도 했다. 그즈음 주변을 둘러보니 작업의 완성도가 높은 사람들은 모두 놀랄 만큼 차분하게, 그리고 꼼꼼히 작업하고 있었다. 하지만 나는 이러한 작업 방식을 오래 지속할 수 없었다. 결국 나에게는 이러한 차분함이 없다는 사실을 받아들여야 했다.

이런저런 시행착오 끝에 나는 여러 작품을 동시에 진행하는 나만의 새로운 작업 방식을 고안해냈다. 분산작업을 시작한 것이다. 작업의 방식은 이러하다. 만약 접착제를 바르거나 칠을 하는 등 하나의 단계를 끝내고 난 다음에는 그 작품에서는 일단 손을 뗀다. 그리고 다른 작품으로 옮겨 가는 식이다. 물론 옮겨간 그 작품도 진행 중 잠시 멈춘 상태다. 하지만 그 지점부터 다시 작업을 조금 시작하는 것이다. 그러다 더 이상 그 작업에 집중할 수 없고 지겨워지면 곧바로 중단하고 이전에 그만두었던 또 다른 작업으로 옮겨 간다. 이전에 발라두었던 접착제는 내가 다른 작업에 열중하는 사이 어느새 말라 있다. 나는 기다릴 필요 없이 금세 다음 단계를 진행할 수 있다.

물론 어떤 이들이 보기에는 집중하지 못하는 것처럼 보

일 수도 있다. 하지만 나는 이러한 작업 방식을 통해 결과적으로 차분하고 느긋하게, 그리고 신중한 태도로 완성도 높은 하나의 작품을 끝낼 수 있었다. 이것이 바로 내가 찾아낸, 그리고 지금까지 꾸준히 유지해오고 있는 나만을 위한 작업 방식인 '분산작업'의 시작이었다.

투잡도 하고

완성도도 높인다

　　실제로 나는 지금도 이 방식으로 대부분의 일을 진행하고 있다. 동시에 여러 개의 일을 진행하기 때문에 완성은 더디다. 하지만 더욱 완성도 높은 결과물을 얻을 수 있다. 도중에 작업을 그만둔 채 미완성으로 끝나는 일은 거의 없다. 게다가 언제든지 새로운 작업을 시작할 수도 있다. 다뤄야 할 대상이 하나 늘어나는 것뿐이니 새로운 일을 시작하는 것이 부담스럽지 않다.

　　나는 이 방법이 내 성격에 무척 잘 맞는다고 생각한다. 이러한 작업 방식 덕분에 대학교에서 연구자로서 근무하면서 소설 집필을 시작할 수 있었고, 이후 연구자와 작가라는 두 가지 직업을 20년 동안 병행할 수 있었다고 생각한다.

사람들은 동시에 여러 일을 진행하는 것이 쉽지 않다고 이야기한다. 하지만 사실 그런 말을 하는 사람들 스스로도 자신이 회사의 일을 하면서 취미 활동 역시 꾸준히 해나가고 있다는 사실은 간과하고 있다.

사실 대학의 조교수라는 자리는 애초에 연구자와 교육자를 겸하는 일이다. 각종 위원회에 참석하거나 대학교나 학회의 운영에도 관여하고, 관련 회의 또한 빈번했다. 기본적으로 분산작업이 필요한 위치였던 셈이다.

게다가 내가 담당하는 연구도 여러 주제를 동시에 진행해야 했다. 지도하고 있는 학부생이나 대학원생도 항상 10명이 넘었다. 그들의 졸업 논문과 석사 논문의 주제 역시 각기 달랐다. 사실 여러 연구를 동시에 진행하는 것은 대학의 조교수에게는 매우 일상적이며 연구라는 일을 직업으로 삼고 있는 사람이라면 누구나 비슷한 조건일 것이다. 연구란 것이 확실한 성공을 예측할 수 없는 일이기 때문이다. 따라서 몇 가지 연구 주제를 동시에 진행해야 한다. 이 과정에서 성공의 가능성이 가장 크다고 생각되는 것에 점차 집중해 나가는 것일 뿐 그전까지는 여러 가지 연구를 모두 진행해야 한다. 따라서 나에게는 작가의 일 역시 또 하나의 연구 주제가 더해지는 것과 다름없었다. 그저 조금의 시간을 공유했을 뿐이다.

처음 집필을 시작했을 당시 나는 소설을 쓰기 위해 하루에 3시간 정도의 시간을 할애했다. 그 3시간은 나의 수면 시간과 맞바꾼 시간이었다. 물론 그 3시간 동안에도 나는 단지 소설을 쓰는 데에만 집중하지 않았다. 집필의 시간, 교정·교열의 시간, 작품의 다음 내용을 고민하는 시간 등으로 나누었다. 작가로서의 생활이 익숙해지고 난 다음에는 여러 작품에 시간을 분배해 사용했다.

이후 글을 쓰는 일은 내가 생각했던 것보다 더 큰 성공을 거두었고 나는 계속해서 새로운 책을 낼 기회를 얻을 수 있었다. 결국 나는 대학의 연구 일을 그만두고 전업 작가로서 현재까지 꾸준히 작품 활동을 하고 있다. 그리고 어느새 작품의 누계 판매 부수가 1,600만 부에 이르게 되었다.

내가 성공한 작가로 자리 잡을 수 있었던 비결은 하나의 작품에 집중하지 않는 것이다. 물론 하나의 작품에 자신이 가진 모든 것을 쏟아부어야 한다고 이야기하는 사람도 있다. 그것을 부정하는 것은 아니다. 다만 세상에는 다양한 성향이 존재한다는 이야기일 뿐이다. 여러 시행착오를 통해 찾아낸 나의 방식은 조금씩 나누어 여러 작품에 동시에 임하는 분산작업이며, 이를 통해 지금까지 작가로 활동할 수 있었다.

벼락치기의

함정

　　동시에 많은 일을 병행해 진행하는 나의 방식은 마감 직전에 전력을 쏟는 이른바 벼락치기의 방식과는 어울리지 않는다. 시작부터 끝까지 일정한 리듬으로 진행하는 것이 다른 일과 시간을 공유하기에 더욱 적합하기 때문이다. 하나의 작업에 너무 많은 시간을 써버리면 병행하던 다른 작업을 원활하게 진행하는 데 어려움이 생길 수밖에 없다.

　　하지만 꽤 많은 사람들이 벼락치기의 방식으로 일을 한다는 사실 또한 잘 알고 있다. 소설가 중에도 마감이 닥치지 않으면 글을 쓰지 못하는 사람이 여럿 있다. 어째서 그들은 그렇게 여유가 없는 방식을 선택하는 것일까?

　　사실 벼락치기를 하는 사람들 대부분이 그러한 작업 방

식이 상당히 많은 위험을 포함하고 있다는 사실을 잘 알고 있다. 마감을 얼마 앞두지 않은 상황에서 예상치 못한 문제가 발생하기라도 하면 정해진 기한을 지키는 것은 불가능하다. 비즈니스에서 마감은 절대적인 것이다. 정해진 약속을 지키지 못하면 계약을 위반하는 것이며 심각할 경우 위약금을 물어야 할 수도 있다.

그럼에도 여전히 아슬아슬하게 일을 하는 사람이 무척 많다. 그들은 '정해진 기한이 닥쳐오기 전까지는 도저히 집중이 되지 않는다'거나 '마감보다 여유있는 일정으로 작업을 마무리하면 오히려 요구사항만 늘어날 뿐이다'와 같은 이유를 들며 그들이 이 방식을 고수할 수밖에 없음을 토로한다. 나는 이러한 변명이 모두 어리석다고 생각하지만 이것이 세상의 규칙이라면 바보 같다고만은 할 수 없을 것이다. 정해둔 일정에 맞춰 작업을 끝마쳤다고 해도 주변의 동료가 아직 일을 마치지 못했다면 비밀로 하는 쪽이 현명할지도 모른다.

하지만 '추가적인 요구 사항이 늘어날 뿐'이라는 발언은 다시 한 번 생각해볼 필요가 있다. 이는 결국 마감 기한보다 여유 있게 작업을 마무리했을 때 상대방 역시 더 꼼꼼한 평가가 가능하고, 이를 바탕으로 더 나은 결과를 위한 다양한 의견 교환이 가능하다는 말이기도 하다. 만약 우리가 이러한 과정이 모두 귀찮다는 이유로 벼락치기를 고수한다면 우리는 성공을 위한 기회를 놓치고 말 것이다.

즉, 시간적인 여유는 결과물의 마무리와 완성도에 중대한 영향을 미친다. 또한 작업을 마무리한 뒤 약간의 여유를 두고 결과물을 다시 살펴보면 이전에는 알아채지 못한 결점을 발견할 가능성이 더 커진다. 다양한 의견 수렴을 통한 수정이나 객관적인 평가가 더해지면 작품의 완성도는 더 높아질 수밖에 없다.

이러한 시각에서 본다면 분산작업이 완성도 높은 결과물을 위한 더 적합한 방식이라는 사실을 충분히 이해할 것이라 생각한다. 다시 말해, 작업에 착수하는 총 시간은 동일하더라도 다른 여러 작업과 동시에 진행하면 더 충분한 작업 기간을 보장받아 작업을 완료할 수 있고 또 완성작과 그만큼 일정한 거리를 유지하는 것이 가능해진다. 때문에 항상 냉정하고 객관적인 눈을 가질 수 있게 되는 것이다. 결국 이를 통해 더 나은 결과물을 얻을 수 있음은 당연한 일이다.

⬠ ## 남들보다

앞서 일한다

　　또 다른 분산작업의 이점은 예기지 못한 사태에 비교적 용이하게 대처할 수 있다는 점이다. 분산작업은 애초에 하나의 일에 과도하게 집중하지 않고 일정한 거리를 유지하며 동시에 여러 작업을 진행하는 방식이기 때문에 일정이 여유로울 가능성이 크다. 또 만일의 경우에는 동시에 진행하고 있는 다른 작업의 시간을 활용할 수도 있다. 이는 한 가지 일에 집중하거나 벼락치기로 일을 처리할 때 예측할 수 없는 문제를 만난 경우와는 대조적으로 상당히 안정된 시스템이라 할 수 있다.

　　나는 최근에 갑자기 건강이 나빠져 입원해야 했던 적이 있다. 하지만 실제 마감일보다 일주일 이상 빠른 날을 마감

일로 스스로 설정해두고 그 스케줄에 따라 작업을 진행한 덕에 일정 조정 없이 여유롭게 대처할 수 있었다.

현재 쓰고 있는 이 원고 역시 실제 출간일은 1년 뒤로 예정되어 있다. 하지만 내가 스스로 정해둔 이 원고의 마감일은 3일 뒤이며 실제로 3일 안에 탈고할 수 있을 것이라 예상한다. 이처럼 예정된 마감보다 일찍 일을 마무리하는 것은 주위에 폐를 끼치지 않고 어떤 사태가 일어나도 당황하지 않을 수 있다는 점 등 많은 이점을 가진다. 물론 이를 모르는 이는 거의 없을 것이고 다만 실천하기까지가 힘든 일일 것이라 나 또한 추측한다.

개인적으로는 돈보다 시간을 모으는 편이 훨씬 여유로운 생활을 가능하게 한다고 생각한다. 그리고 분산작업이야말로 시간을 보다 여유롭게 조절할 수 있는 방식이다. 이른바 시간을 저축하고 있는 것이다. 따라서 올바른 계획에 따른 분산작업이야말로 예상치 못한 상황을 위한 진정한 대책 마련이다.

물론 내가 이런 방법을 마음껏 적용해 활용하는 것은 지금의 일이 거의 나 혼자서 진행하는 작업이기 때문이다. 따라서 일반적인 회사원이나 학생들은 상대적으로 이 작업 방식을 그대로 따르기 힘들 것이라 생각한다. 고객이 있고 거래처가 있기에 좀처럼 자신의 방식만으로 일을 진행시킬 수는 없을 테니 말이다. 다만, 이들 역시 혼자서 진행하는 업무에 한해 내가 제안하는 새로운 작업 방식을 충분히 도입할 수 있을 것이라 생각한다. 그리고 이를 통해 더 많은 시간적 여유와 더 높은 완성도의 결과물을 얻을 수 있을 것이다.

⬠　　　**분산이**

객관적 시점을 만든다

　　　　　　최근 대다수 회사들의 업무 환경과 경영 체계는 과거보다 훨씬 다각화되었다. 그 이유 중 하나는 예측 불가능한 위험을 분산시킴으로써 경영의 안정을 얻기 위해서다. 이러한 경향은 사업의 규모가 큰 대기업일수록 더 뚜렷하게 나타나며 이러한 작업 방식을 전체 기업에 적용한 역사 또한 오래되었다.

　　　개인의 경우도 마찬가지다. 최근에는 회사 내에서 한 가지의 일만을 담당하고 있는 경우는 거의 없으며, 이러한 현상은 업무상 지위가 올라갈수록 더욱 현저하게 나타난다. 리더란 전체를 둘러보고 관리하는 사람이기 때문이다. 따라서 이들에게는 진행하고 있는 사안에 대해 충분히 고민할 수 있고 문제가 발생했을 때 적절한 대처가 가능한 분산작업이 더욱 필요하다. 충분한 고민과 시간적 여유가 더해진다면 보다 객관적인 판단이 가능하기 때문이다. 그리고 이는 리더가 가지고 있어야 할 덕목 중 하나다.

특히 우리는 이 객관에 주목해야 한다. 객관적인 태도는 매우 가치 있다. 하지만 여전히 많은 이들이 주관적 동기에 근거해 행동한다. 주관적이라는 것은 곧 감정적이라는 의미에 가깝다. 감정은 대개 주관에 의해 발동되는 것이기 때문이다. 물론, 자신이 어떤 감정을 가지는가 하는 문제는 철저히 개인의 자유이며, 감정적인 것이 부정적이라 이야기하는 것은 결코 아니다. 실제로 솔직하게 감정을 표현하는 사람은 이해하기 쉽고 타인의 공감을 얻기에도 유리하다.

하지만 현대 사회에서는 타인과의 경쟁을 피할 수 없다. 특히 비즈니스는 경쟁을 전제로 이루어지는 활동이다. 동시에 타인과의 협력이 불가피한 활동이기도 하다. 함께 보조를 맞추고, 의견을 맞춰가는 과정은 더 나은 결과와 이익을 위해 반드시 필요하다.

그리고 바로 이때 필요한 능력이 본인 이외의 시점으로 사고하는 능력이다. 바로 이것이 주관의 반대, 즉 객관이다. 전체를 바라보고 다양한 관점에서 문제를 살피는 더 넓은 시각인 것이다. 이러한 능력 없이는 훌륭한 리더가 될 수 없다.

자신이 하고 있는 일, 자신이 하고 싶은 일에 매몰되어 주관적인 입장이나 욕망에 집중하는 것은 곧 주위를 살피지 못하는 편협한 사고에 갇혀있는 상태라 할 수 있다. 이러한 태도는 타인과의 소통을 얄팍하게 만들 뿐이다. 신뢰할 수 있는 인간으로 평가받지 못한다.

결국 더 넓은 시각이 필요하다고 여겨지는 다양한 대상에 적절히 관심을 분배하고 관찰하는 것이 중요하다. 그리고 이러한 분산의 태도가 지치지 않고 자유로운 사고와 행동으로 이끌어줄 것이다.

지금 당신은 어떤 상태인가? 한 가지 일에 지나치게 얽매이거나 집중하고 있는 않은가? 과도하고 불필요한 노력을 하나의 대상에 쏟고 있지는 않은지 스스로를 돌아보는 것은 어떨까.

Part 4

산만하지
만
믿을 수

없이

생산적인

"더 구체적으로 말해봐"

의 오류

이번 장에서는 앞서 여러 번 언급했던 분산사고에 대해 이야기하고자 한다. 특히 사고법에 관한 설명은 행동에 비해 추상적인 개념에 머물 가능성이 크다. 따라서 최대한 구체적인 예를 가지고 이야기를 진행할 것이다.

본격적인 설명에 앞서 우리가 흔히 말하는 '추상'과 '구체'에 관한 의미를 먼저 짚고 넘어갈 필요가 있을 듯하다. 우리는 추상적, 구체적이라는 표현을 일상에서도 자주 사용함에도 그 진짜 의미를 이해하고 있는지는 여전히 의심스럽다.

구체적이란 것은 개별적 사실과 현상, 눈앞에 실제로 존재한다는 의미를 포함하는 듯하다. 그에 비해 추상적이란 표현은 명확한 상이 없는 어렴풋한 이미지를 지칭하며 실제로 무엇을 나타내는지 명확하지 않은 것이라고 여겨진다.

만약 '무엇이든 사줄 테니 갖고 싶은 것을 말해 보라'는 질문을 받았다고 가정해보자. 이에 단순히 '재미있는 것'이라고 대답하면 상대방은 너무 추상적이라고 느낄 것이다. 따라서 '더 구체적으로 말해 보라'는 요구를 받기 마련이다. 결국 '장난감' 혹은 더 나아가 '자동차 모형', 심지어는 특정 브랜드에서 나온 어떤 모델의 장난감인지 설명을 덧붙이기까지 한다. 이러한 자세한 정보가 없으면 구매라는 행동이 불가능하기 때문이다. 행동은 대게 구체적인 작용을 수반한다.

하지만 선물 받는 이가 정말로 갖고 싶었던 근원적인 욕망을 추적해보면 그 시작은 처음에 말했던 단순히 '재미있는 것'이다. 따라서 자신이 직접 자세한 정보를 전달해 선물로 받은 장난감일지라도 자신의 기대에 미치지 못하면 결국 만족할 수 없다. 사실 제품을 선택한 스스로도 그것이 재미있을 것이라 추측했을 뿐, 실제로는 그것이 얼만큼 자신의 기대를 충족할 수 있을지 알 수 없기 때문이다.

이렇듯 추상적인 것은 모호하다는 일반적인 이미지와 달리, 본질을 꿰뚫고 있고 정답에 가까운 것이며 추구하는 진짜에 다가가는 지표가 되어주기도 한다. 한편, 구체적으로 가리킨 대상은 단순히 선택의 범위를 한정지었을 뿐 본질이 아닐 가능성이 높다.

구체적으로 지목했던 대상이 사라졌을 때에는 이러한 특징이 더욱 뚜렷하게 나타난다. 구체적인 정보를 전달한 경우 그 대상을 찾을 수 없다면 목표 자체가 사라진 상태에 빠지기 때문이다. 앞서 예로 들었던 상황에서 특정한 상품의 정보만을 듣고 구매하러 갔을 때 그 상품이 모두 팔리고 없다면 다른 어떤 것을 대체품으로 골라야 할지 전혀 알 수 없게 되는 것과 같다.

왜 추상적 사고가

중요한가!

여기서 주목할 점은 우리가 긍정적인 효과를 기대하고 사용하는 구체적인 표현이 오히려 대상의 범위를 한정한다는 것이다. 그리고 이는 마치 시야를 집중시키는 듯한 효과를 갖는다. 반대로 추상적인 표현은 넓은 범위의 가능성까지 포함한 형태이기 때문에 다분히 사고의 분산을 상기시킨다.

추상의 개념은 그 적용 대상을 자신으로 지정했을 때도 동일한 효과를 갖는다. 예를 들어, 추상적 사고는 장래의 가능성을 넓힐 뿐만 아니라 유연하고 응용 가능한 논리를 갖게 해 준다. 구체적 사고가 외줄낚시라면 추상적 사고는 그물을 던져 물고기를 잡는 것과 같다고 생각하면 이해하기 쉬울 것이다.

하나의 제품만을 담당해 생산하는 직원에게 '당신이 하는 일은 무엇인가요?'라는 질문을 하면 그는 자신이 담당하고 있는 작업과 제품에 대한 설명만을 할 것이다. 하지만 전체 작업을 책임지는 공장장에게 동일한 질문을 던졌을 때 그는 '우리 공장에서는 다양한 제품을 만들고 있습니다'라고 대답할 것이다. 하나의 제품이나 공정에 한정된 것이 아니라 그들이 생산하는 전체를 인식한 발언이다.

마찬가지로 '일을 할 때 특별한 노하우가 있나요?'라는 질문에는 한 가지 작업을 하고 있는 사람은 '이 나사를 먼저 조이는 편이 더 쉽습니다'와 같은 자신의 작업에 적용할 수 있는 구체적인 노하우를 몇 가지 이야기할 것이다. 하지만 공장장에게서는 '각 공정마다 개별적인 노하우를 공유하고 더 나아가 설계 단계에 반영시키기 위해 노력하고 있습니다'라는 식의 대답을 기대할 수 있다.

물론 공장장의 말은 추상적인 표현이기도 하고 때문에 그가 이야기하는 것이 정확히 어떤 행위를 이야기하는지 직관적으로 이해하기 힘들 수도 있다. 하지만 그의 발언은 넓은 범위의 것들을 모두 포함하고 있으며 본질적인 문제 해결을 가능하게 하는 '새로운 생각'의 가능성을 내포하고 있다.

이처럼 추상적인 표현, 추상적인 사고는 결국 분산사고

로 이어진다. 나아가 새롭고 창의적인 생각이 싹트기 쉬운 기본 토양을 만들어주기도 한다. 지금까지 내가 고안해냈던 새로운 아이디어의 시작을 돌이켜보면 과거에 추상을 바탕으로 한 토양을 가꾸어 두었기 때문에 가능했다.

물론 이러한 추상적 사고가 단지 새로운 아이디어를 얻기 위한 것만은 아니다. 추상적인 사고는 무한한 범위로 응용이 가능하다. 또한 기존의 노하우에서 보편적인 개념을 도출하여 다른 분야의 문제를 해결하는 힌트가 되어주기도 한다.

경험과 노하우를 뛰어넘는

재치의 힘

　　어떤 사람들은 종종 '재치 있다'는 평가를 받곤 한다. 이들은 마주한 문제를 남들보다 빨리 해결하곤 하는데, 때문에 예상하지 못한 문제가 발생했을 때면 이들을 통해 모두 해결할 수 있다는 신뢰를 받기도 한다. 이러한 평가는 그저 많은 노하우를 가지고 있다고 해서 받을 수 있는 것은 아니며, 경험이 많다고 해서 받을 수 있는 것도 아니다. 만약 많은 경험으로 저절로 재치가 쌓이는 것이라면 세상의 노인들은 모두 재치 있는 사람들일 것이다. 마찬가지로 기존의 데이터를 모두 학습할 수 있는 인공지능이 가장 뛰어난 최고의 재치를 발휘할지도 모른다.

　　대체로 어떤 문제가 발생했을 때 대부분의 경우 그 해결 방법은 매뉴얼화되어 있다. 그리고 다양한 정보 통신 기술의 발전 덕에 이러한 해결 방법을 검색하는 일도 더 쉬워졌다. 특히 내가 직면한 문제와 완전히 동일한 문제가 과거에 있었고, 그 일을 이미 해결한 경험이 있다면 앞서 시도되었던 그 해결 방법은 분명 도움이 될 것이다. 그러나 사실 애초에 발생한 문제가 진짜 문제가 되는 까닭은 언제나 예상하지 못한 새로운 측면을 포함하고 있기 때문이다.

우리는 언제나 과거에는 없었던 새로운 조건을 맞닥뜨린다. 인간은 모두 다른 존재이며 때문에 문제를 해결하는 방법과 수단도 동일할 수 없다. 과거에 해결했던 사례가 있더라도 지금도 그 방법이 여전히 유효하다고 장담할 수 없다. 그렇다면 우리는 눈앞의 문제를 어떻게 처리해야 할까?

이른바 '진짜 문제'가 발생했을 때 현 상황의 조건에 맞춰 기존의 해결 방법을 응용하고, 이를 통해 능숙하게 문제를 해결하는 사람들이 있다. 그리고 앞서 말했던 것처럼 이러한 사람들을 가리켜 우리는 '재치 있다'라는 칭찬을 한다. 이러한 독창적인 문제 해결 능력은 학력이 높다거나 경험이 풍부하다고 해서 저절로 발휘되는 것이 아니다.

나도 반짝이는 아이디어로 가득 찬 몇몇 사람들을 알고 있다. 그런데 놀랍게도 그들 모두는 스스로를 재치 있다고 평가하지도 않고, 또 자신의 노하우를 조리 있게 말로 설명하지 못하는 경우가 많다. 즉, 그들에게는 자신의 행위가 추상적인 개념으로서 기억되어 있을 뿐, 남들에게 전할 만큼 구체적으로 저장되어 있지 않은 것이다. 내가 '이런 방식을 말하는 거죠?'라고 되물으면 그때서야 '맞아요, 그런 거예요'하며 고개를 끄덕이는 식이다.

나는 앞서 여러 번 다수의 작업을 동시에 진행하는 분산 작업을 활용하고 있다고 밝혔다. 취미 생활인 만들기를 할 때에도 이는 유효하다. 현재 만들고 있는 것 이외에도 앞으로 만들고 싶은 것들에 대한 생각이 머릿속에 잔뜩 저장되어 있다. 하지만 그중 대부분은 확실한 이미지조차 없는 상태다. 그저 무언가 새로운 것을 만들고 싶다는 막연한 생각을 하고 있을 뿐이다.

이렇게 추상적인 목표를 여러 개 가지고 있다 보면 우연히 눈에 띄는 대상에 눈길이 머물곤 한다. 그리고 불현듯 이것은 꽤 쓸 만하다는 예감이 들고 이것을 활용하면 더 재미있어질 것 같다는 생각이 든다. 결과물을 구체적으로 정해두지 않았으니 우연히 마주한 아이디어도 간단히 도입할 수 있다. 덕분에 때로는 처음 생각했던 이미지와는 크게 다른 결과물을 만들어내기도 한다.

예를 들어 잡다한 상품이 진열되어 있는 매장을 지나다 보면 눈에 띄는 모든 것이 죄다 쓸모 있어 보일 때가 있다. 어떤 재료는 지금 만들고 있는 기관차의 부품으로 사용하기에 적당해 보이기도 하고, 어쩌면 지금 쓰고 있는 소설 속 추리를 해결하는 트릭으로 활용할 수 있을 것 같다는 생각이 들기도 한다. 취미인 만들기와 직업으로서의 소설 집필이 모두 내 머릿속에서 동등한 위치에 있기 때문에 가능한 일이다. 특정한 대상만을 찾는 데 집중하는 뇌는 이러한 기회를 놓칠 수밖에 없다.

대상의 범위를 한정해 그것에 집중하고 있는 사람은 자신이 좋아하는 대상을 쉽게 단정한다. 그리고 그것만을 추구하기 때문에 점점 시야가 좁아질 수밖에 없다. 종국엔 그저 동일한 반응으로 일관하고 그 대상도 자신이 좋아하는 것, 자신이 흥미를 느끼는 것, 자신의 바람과 일치하는 것으로 한정된다. 당연히 새로운 자극을 얻어낼 기회는 점점 줄어들고 처음 정해놓았던 범위 안에서 사고할 뿐이다. 결국 매너리즘에 빠져들고 만다.

하지만 분산사고를 하는 이들은 가능한 자신이 기존에 세워둔 기준과 대상에서 멀어지려고 한다. 이는 분산사고의 과정에서 떠오르는 새로운 생각이 완전히 다른 분야에서부터 시작되고 이를 발전시켜 얻어낸 결과물임을 알기 때문이다. 그리고 이 깨달음의 경험은 고스란히 자신의 노하우로서 축적될 것임을 알고 있다.

그래서 그들은 보다 적극적으로 지금껏 자신이 보지 못했던 새로운 영역에 발을 들이려고 한다. 항상 새로운 것을 찾는다. 자신의 취향과 맞지 않는 것도 기꺼이 받아들이며 자신의 바람이나 의견만을 고집하지 않는다. 언제나 자신의 신념을 깨부술 만한 새로운 것들과의 만남을 기대한다. 이 모든 과정을 통해 이들은 자기 자신만의 재치를 쌓아가는 것이다.

공짜로 주어지는 생각법

따위는 없다

지금까지 책을 읽어온 독자라면 '그래서 분산사고를 하려면 어떻게 하라는 거야?'라는 궁금증을 가질 것이라 생각한다. 하지만 분명히 얘기하건데, 이를 위한 방법론은 없다. 스스로 자신에게 맞는 분산사고의 방법을 생각해 내는 것이 중요하다.

평소 여러 사람을 만나 이야기를 나누며 대부분의 사람들이 이른바 '생각한다' '사고한다'는 의미에 대해 상당히 오해하고 있다는 것을 깨달았다. 특히 이러한 현상은 최근 들어 더욱 심각해지는 것처럼 보인다.

만약 내가 '자기만의 분산사고 방법이 무엇인지 생각해보라'고 요구했다고 가정해보자. 아마 대부분의 사람들은 '어떻게 생각하는 것이 좋을까요?'라며 나에게 다시 질문을 할 것이다. 이들 대부분은 생각이나 사고가 그저 무의식적으로 이루어지는 것이라고 여기기 때문에 생각을 하라는 나의 요구 자체를 이해하지 못한다.

실제로 우리는 어렸을 때부터 끊임없이 보살핌을 받으며 자랐다. 어른들은 우리가 해야 할 것을 일일이 정해주고 특정한 상황에서 어떻게 반응해야 하는지 가르쳐준다. 우리는 다른 생각할 필요 없이 그들의 가르침을 따르고 그 행동을 반복하면 그만이다. 조금 더 나이가 들면 또래 집단의 울타리가 우리를 보살펴준다. 주위 친구들의 반응을 따라하면 적어도 따돌림은 당하지 않는다는 사실을 알 수 있다.

확실히 보고 배울 대상이 많으니 가치관이나 삶의 방식도 다른 사람들로부터 흡수한다. 모범으로 삼고 배운 것을 그대로 따라하면 사회생활에서 어려움을 겪을 일은 없다. 만약 새로운 것이나 모르는 것이 나타나면 인터넷에 검색해 다른 이의 경험을 찾아볼 수 있다.

결국 우리는 점차 스스로 생각할 기회를 잃어간다. 대부분 기존의 것을 머릿속에 떠올리고 그 중 적절하다고 생각되는 것을 선택하거나 반응하는 것이 고작이다. 그리고 이것이 '생각하는 것'이라고 철석같이 믿고 있다.

또 많은 이들이 학습이 생각하는 것이라고 착각한다. 무언가를 배운다는 것은 머리에 지식을 입력하고 그 내용을 기억하는 행동일 뿐이다. 하지만 생각하는 것은 그 입력의 내용을 이용해 스스로의 논리를 세우고 가설을 설정해가는 행위다. 그저 남들이 알려주는 것을 배우는 것과 진짜 생각하는 뇌의 활동 방식은 전혀 다르다.

최근에는 많은 이들이 자신만의 사고법을 가져야 한다는 요구에 따라 생각 연습을 시도한다. 하지만 머릿속에 문제를 떠올리고도 금세 모르겠다고 결론지어버리고 생각하기를 그만둔다. 이는 그저 머릿속에 대상을 떠올리기만 했을 뿐, 멍하니 있는 것이나 다름없다. 그리고 그들이 모르겠다고 결론을 내리는 까닭은 자신이 이 문제에 대해 자세히 알지 못하기 때문이라고 생각한다. 그래서 더 많이 알기 위해서 배경을 조사하거나 인터넷을 검색하고, 누군가에게 가르침을 받아야겠다고 결심한다. 요즈음에는 배경에 대한 조사나 검색은 물론, 선생님을 찾아 배우는 것 모두 무척 간단하고 언제든 할 수 있는 일이기 때문에 다들 생각하기는 미뤄둔 채 금세 그곳으로 달려간다.

하지만 이 모든 것이 간단하지 않았던 시대의 사람들은 어쩔 수 없이 모든 것을 스스로 생각해내야만 했다. '왜 그럴까?'라는 질문을 끊임없이 생각하는 사이, 그들의 머릿속에서는 '혹시 이게 정답일까' '아니, 그것보다 이것 같은데'라는 식의 다양한 생각이 떠오른다. '전에도 비슷한 문제를 생각했었는데 그때와는 이런 부분이 다르군' '이번에도 비슷한 답이 나왔네'라며 수많은 추측을 통한 자신만의 가설을 머릿속에 떠올린다.

이렇게 스스로 생각을 거듭하던 이가 어느 날 자신이 고민하던 문제에 대해 쓴 도서를 발견한다면 어떨까? 자신이 생각해오던 수많은 가설 중 정답에 근접한 것이 있지는 않을까 설레는 마음으로 집중하며 책을 읽을 것이다. 아무런 생각도 하지 않고 그저 다른 이들의 추천에 따라 독서를 시작하는 사람과는 도서에 대한 이해의 범위가 엄청나게 차이 날 것이 분명하다.

나는 종종 부모님들로부터 '어떻게 하면 스스로 생각하는 아이로 키울 수 있을까요?'라는 질문을 받곤 한다. 하지만 그런 질문을 하는 부모 역시 스스로 생각하지 않는 사람이다. 자신이 생각하지 않으니 생각의 의미를 모르는 것이다. 생각은 어려운 일이 아니다. 인간은 스스로 생각하는 데에 익숙한 존재다. 요컨대 어렸을 적 자신이 원하는 세상에 빠져 마음껏 공상을 펼치던 것을 기억해보라.

이것은 교육에서도 마찬가지다. 억지로 가르치려 할수록 효과는 더디게 나타난다. 배움에 억지 즐거움을 찾다보면 더 이상 아무런 즐거움을 느끼지 못하게 된다. 그저 어른들을 실망시키지 않으려 안색을 살피고 분위기를 파악할 줄 아는 획일적인 인간이 되기 쉬워질 뿐이다.

'그렇다면 어떻게 해야 하죠?'라는 질문이 다시 떠오르는가? 그렇다, 이것이 바로 시작이다. 진짜 생각의 기회는 지금 주어졌다.

연구자와 작가의

공통점

　　나는 꽤 오랜 시간 동안 공과대학교의 연구원과 작가라는 두 가지 직업을 병행했다. 두 직업의 공통점은 문제를 해결하도록 요구받지 않는다는 것이다. 정확히는 문제를 만드는 직업에 가깝다.

　　연구원의 일을 설명하면, 애초에 연구란 것은 문제를 발견하는 데서부터 시작한다. 해결해야 할 문제가 주어지지 않는 것이다. 따라서 우선 문제를 발견하는 것이 연구의 대부분을 차지한다. 만약 문제를 발견했다면 그 문제에 대한 과거의 연구 성과를 조사하고 생각을 시작해야 한다. 그 생각의 범위가 어느 정도 좁혀지면 실험을 하거나 새로운 조사를 시작한다. 그 과정에서 연구 방법이나 가설 등 새로운 무언가를 생각해내지 않으면 더 이상 앞으로 나아갈 수 없다. 연구라는 것은 계속해서 아이디어를 생각해내야 하는 일이다. 하지만, 무엇보다 처음 연구 과제를 발견해내는 그 첫 단계가 가장 중요하다. 바로 거기에서부터 모든 것이 발전해나가는 것이기 때문이다.

문제를 발견하는 것은 생각의 재료를 발견했다는 즐거움을 동반한다. 앞으로 본격적으로 시작할 수 있고 마음껏 달릴 수 있다는 상쾌함과 해방감이다.

그리고 작가 역시 문제를 발견하는 것이 가장 중요한 작업이다. 일단 발견에 성공했다면 남은 것은 집필의 시간뿐이다. 문제를 발견하는 것이란 더 간단히 말하면 어떤 작품을 쓸 것인가를 결정하는 일이다. 어떤 주제를 다루고 어떤 내용에 주목할 것인가, 그리고 그 문제가 얼마나 새로운 것인지를 생각한다. 참신함이 없으면 글을 쓰는 의미가 없다. 창작이라는 것은 기본적으로 그런 것이다. 그렇다고 모든 것을 반드시 명확한 언어로 표현해내야 할 필요는 없다. 어렴풋이 어떤 느낌인지 머릿속으로 상상해낼 수 있으면 충분하다. 그것만 떠오르면 남은 것은 글자를 열거해가는 단순 작업뿐이다.

처음 문제를 찾아다니는 뇌는 분산사고를 하고 있는 상태다. 적절한 아이디어를 얻고 난 다음에야 집중사고를 통해 문제를 해결해간다. 다시 말해, 최초의 발상을 기초로 한 현실적인 표현의 단계는 집중사고의 영역인 것이다.

연구와 마찬가지로 하나의 작품을 집필하는 과정 역시 다양한 문제에 부딪친다. 또 새로운 아이디어가 떠올라 생각지 못한 방향으로 궤도를 수정해야 할 때도 있다. 하지만 이는 집필 작업을 하는 중에도 여전히 분산사고의 끈을 놓지 않았다는 증거이기도 하다. 그리고 이 때문에 더 나은 결과를 얻을 수 있음은 자명하다.

분산사고가

개성을 만든다

분산사고는 달리 말해 일종의 연상작용이기도 하다. 그리고 이러한 연결 작업을 통해 어느 순간 먼 곳으로 도약한다. 그 순간 우리는 새로운 무언가에 한 걸음 더 가까워졌다고 할 수 있다.

결국 독자는 이 새로움 속에서 작가의 개성을 발견한다. 개성은 문체 같은 기법을 말하는 것이 아니다. 작가가 쓰고자 하는 내용에 따라 자유자재로 변주하는 다양한 표현과 시점의 이동을 칭하는 것이다. 그리고 어쩌면 이를 재능이라고 부르는 것일지도 모른다. 다만 재능은 누구나 가지고 있다. 그 중에서 오직 나만이 표현할 수 있는 것이 바로 개성이다. 개성은 남을 모방해서는 얻을 수 없다. 오랫동안 스스로 생각해오던 것들이 쌓이고 나만의 사고방식으로 구축되어 형성되는 것이기 때문이다. 설령 이를 모방하러 하더라도 무척 많은 시간이 걸릴 것이다.

그리고 이러한 재능이나 개성도 집중사고로 생겨나는 것은 아니다. 집중사고는 계산이나 반복되는 작업 등에 유용하며 높은 효율과 기술로 평가받는다. 따라서 집중사고는 누구든 따라할 수 있다. 또 노하우라는 이름으로 다른 사람에게 전달할 수도 있다. 즉, 소설 쓰는 방법이라는 이름표를 달고 글쓰기의 노하우로 정리되고 분류되는 것이다. 이는 인공지능이 가장 먼저 섭렵할 영역이기도 하다.

하지만 분산사고에 바탕을 둔 재능과 개성은 이러한 매뉴얼화가 불가능하다. 따라서 만약 인공지능이 소설 쓰는 방법을 완전히 익힌 뒤 한 권의 책을 집필하더라도 그 결과물에서는 어떠한 개성도 찾을 수 없을 것이다. 물론 인공지능이 스스로 생각하는 능력을 갖추고 이를 바탕으로 충분한 사고가 가능해진다면 개성을 가지게 될 수 있을지도 모른다. 하지만 이는 아마 먼 미래의 일일 것이다.

인간 역시 다르지 않다. 우리가 다른 이들로부터 배울 수 있는 것은 계산이나 기법 등에 한한 방법론뿐이다. 개성이라는 것은 가르치기도 모방하기도 어렵다. 개성이라는 것은 꾸준한 분산사고를 통해서만 얻을 수 있다. 어느 것 하나에 매몰되지 않고 열린 태도를 가질 때 우리는 사고의 범위를 더욱 확장시켜 나갈 수 있다. 그리고 바로 거기서 분산사고는 시작된다. 결국 개성은 분산사고를 통해 가꾸어 놓은 토양에서 자연스레 싹트고 자라나는 것이다.

성공하는 사람은

하나에 집중하지 않는다

나는 인간이 태어날 때부터 많은 것을 잇달아 떠올리는 분산사고를 하고 있었을 것이라 생각한다. 끊임없이 새로운 것을 떠올리고 호기심에 가득 차 있는 아이들을 볼 때면 이러한 나의 생각에 더욱 확신을 갖는다. 아이들은 무엇인가에 집중하다가도 머릿속에 새로운 생각이 떠오르면 금세 그 새로운 생각 속으로 빠져든다. 그러다 문득 정신을 차려 다시 현실을 직시한다. 애초에 우리는 그런 뇌를 갖고 있는 것이다.

하지만 이런 인간의 본성에 반해 우리는 아주 오랫동안 모두 동일한 작업을 하도록 강요되었다. '집중하라'라는 방침이 처음 생긴 이래 아주 오랜 시간 동안 유지되었다. 하지만 이는 본연의 사고방식을 거스르는 것이다. 그것은 가난한 시대의 산물이며 대규모의 토지를 경작하거나 전쟁에 참여해 전투에 임할 때나 필요한 태도다. 하지만 지금은 그런 시대가 아니다.

물론 현대사회의 모든 일이 완전히 바뀌었다고 말하기는 어렵다. 단순한 작업이라도 여전히 인간의 노동력이 요구되는 일은 많다. 하지만 적어도 많은 사람을 이끌어야 하는 자리의 사람들에게는 더 이상 집중사고가 적절한 사고법이 아니라는 것에 이미 많은 이들이 공감하고 있다. 리더에게는 항상 새로운 생각이 요구된다.

우리는 어렸을 때부터 수많은 시험을 치러왔다. 시험이란 우리가 얼마만큼 효율적으로 문제를 해결할 수 있는지 검사하기 위한 수단이다. 이 과정을 무사히 통과한 사람은 훌륭한 학습 능력을 인정받고 좋은 대학에 가며, 좋은 직장에 취직할 가능성이 높아진다. 이는 회사에서 이루어지는 대부분의 일들이 주어진 문제를 해결하는 종류의 것이기 때문이다. 시험을 볼 때와 마찬가지로 회사가 우리에게 요구하는 것은 문제에 집중하는 사고와 태도이며, 문제를 해결하는 방법 역시 정해진 계산법을 따르는 것이다.

하지만 리더의 자리에서 요구되는 것들은 다르다. 리더

란 자신의 직원들에게 문제를 부여하는 사람이다. 리더 스스로 문제를 찾아내고 이를 더 효율적으로 해결할 수 있는 새로운 방법을 찾아내야 한다. 더 많은 이들이 더 자유롭게 해결 방법을 찾아낼 수 있도록 격려하는 것 역시 리더의 역할이다.

그렇다면 문제를 발견하고 이를 해결하기 위한 아이디어를 얻기 위해서는 어떻게 해야 할까?

가능한 넓은 범위의 다양한 것들에 주의를 기울이고 문제가 발생할 만한 곳, 다시 말해 새로운 일이 있을 만한 곳을 찾아내야 한다. 그리고 이는 곧 분산작업을 의미한다. 하나의 작업에만 매달려 있는 상태에서는 다른 새로운 문제를 발견하고 이를 해결하는 것이 불가능하기 때문이다.

사실 현재의 자유로운 사회적 분위기는 인간의 역사에서 매우 최근의 일이다. 인간의 역사에서 지금의 사회에서만큼 자유롭게 자신이 원하는 일을 선택할 수 있었던 시대는 없었다. 물론 어느 정도의 사회적 제약은 있을 수 있다. 하지만 동시에 이러한 제약이 성공을 위한 원동력이 되어주기도 한다. 실제로 많은 사람들이 자신도 성공하기 위해 이미 성공한 사람의 방법론에 주목하고 그들을 따라하기를 주저하지 않는다.

하지만 다른 이의 방법론에 집중하고 있는 동안에는 절

대로 성공할 수 없다. 애초에 그 사람이 성공한 까닭은 그 시대에 누구도 생각하지 못한 새로운 것을 실현해낸 덕분이다. 아무도 생각하지 못한 새로운 아이디어를 생각해냈고 아무도 거들떠보지 않았던 방식을 실천했기 때문이다. 많은 성공담이 한 가지 대상에 집중하고 몰두해서 이루어냈다는 이야기를 담고 있는 듯하지만 사실은 그렇지 않다. 수많은 것을 검토하고 기존의 것에 집중하지 않는 유연한 대처가 있었기에 가능했다.

그리고 이러한 태도에는 집중이 아니라 분산이 자리 잡고 있다. 성공의 열쇠는 다양한 것을 살피고 자유롭게 생각을 발전시켜 나간 끝에 발견할 수 있었던 새로운 생각에 있다. 이미 존재하던 문제를 해결한 것이 아니라 새로운 문제를 직접 발견하고 그것을 해결한 결과다.

Part 5

1일
1시간

일하는

두뇌사용
법

몸의 휴식과

뇌의 휴식은 다르다

앞서 분산사고를 위한 구체적인 방법론은 존재하지 않는다고 이야기했다. 그럼에도 약간의 힌트를 얻고자 하는 이들 역시 많을 것이다. 이번 장에서는 분산사고를 도와줄 구체적인 방법 몇 가지를 살펴보려고 한다.

다만 이는 철저히 나의 경우에 비추어 생각해낸 방법이고 수십년 동안 여러 시행착오를 거쳐 얻어낸 결과다. 따라서 내가 소개하는 방법이 많은 이들에게 적용될 것이라 이야기하기는 어렵다. 다만 나의 경험과 방법을 기초라 생각하고 각자 자신에게 맞는 방법으로 응용해 적용시킬 수 있을 것이다. 여러 방법을 시도하고 스스로 생각하다 보면 결국 자신에게 가장 적합한 분산사고 방법을 찾을 수 있을 것이다.

집중사고를 할 때는 어느 정도의 긴장이 도움된다. 하나의 문제에 집중하는 것이 빠른 계산이나 두뇌 회전을 돕는다. 집중은 기본적으로 힘이 들어가야 가능하다.

반면 분산사고는 명백히 휴식을 취하고 있는 쪽이 더 적합하다. 이는 창작과 관련된 일을 하고 있는 많은 이들의 증언에서도 살펴볼 수 있다. 바다에 가지 않으면 글을 쓸 수 없다는 작가나 술에 취하지 않으면 곡이 떠오르지 않는다는 작곡가가 그러하다. 또한 많은 창작자가 여행하는 것을 즐긴다. 한 가지 일에 집중하지 않고 뇌에게 휴식을 주는 것이 창작 활동에 얼마나 중요한 조건인지 알고 있기 때문이다.

분산사고는 제약을 받지 않는 새로운 행동을 통해 실현되기도 한다. 따라서 다양하고 새로운 체험을 시도하고 엉뚱한 도전을 해보는 것 역시 분산사고에 도움이 된다.

휴식 상태의 뇌가 새로운 생각을 떠올리는 데에 어떻게 긍정적인 영향을 끼치는지에 대해서는 여전히 뚜렷하게 밝혀진 바가 없다. 다만, 한 가지 확실한 것은 무언가에 집중하고 있는 상태에서는 머릿속 한구석에서 떠오른 사소한 발상의 신호를 놓쳐버리기 쉽다는 것이다. 집중이란 목표를 제외한 나머지를 철저히 차단하는 것이기 때문이다.

'쉬기만 하면 된다고? 식은 죽 먹기군'이라 생각할지도 모르겠다. 하지만 이는 잘못된 생각이다. 많은 이들이 최고의 휴식 방법으로 수면을 꼽는다. 나 역시 잠을 자며 휴식을 취하는 경우가 많다. 게다가 나는 꿈을 매우 자주 꾸는 편이고 꿈속에서 문제 해결을 위한 힌트를 얻는 경우도 종종 있다. 그렇다면 수면을 취하는 나는 진짜 휴식의 시간을 가지고 있는 것일까? 안타깝게도 그렇지 않다. 휴식을 위한 진짜 숙면을 취할 때는 아무것도 떠오르지 않는다. 당연히 꿈도 꾸지 않아야 한다.

또 다른 휴식의 방법으로 운동을 하거나 다른 여가 활동을 할 때도 있다. 하지만 이때의 우리는 그 행위에 지나치게 열중한 나머지 아무런 다른 생각을 할 수 없는 상태에 빠지곤 한다. 이는 결코 휴식을 취하는 상태가 아니다.

즉, 몸의 휴식과 뇌의 휴식은 동일하지 않다. 마사지를 받고 있는 상황이라 가정해보자. 마사지를 받으면서 우리의 몸은 완전한 휴식을 취할 수 있다. 하지만 동시에 우리의 머릿속은 평소에 풀지 못했던 어려운 문제를 생각하거나 수많은 걱정으로 인한 고민에 휩싸여 있을 수도 있다. 이와 반대로 신체는 조깅이나 다른 운동을 하고 있는 상태라 하더라도 두뇌는 아무런 생각을 하지 않는 완벽한 휴식을 취하고 있는 경우도 있다.

뇌를 스트레스에서 해방시키고 완전히 쉴 수 있게 만드는 일은 의외로 어렵다. 애초에 아무것도 생각하지 않는 것은 우리의 생각만큼 간단하지 않다. 명상이나 좌선 등 훈련하지 않으면 이룰 수 없을 정도로 어려운 기술인 것이다.

뇌를

쉽게 하려면

　　그렇다면 뇌를 쉽게 하는 방법은 무엇일까? 가장 먼저 떠오른 방법은 자만을 버리는 것이다. 차라리 스스로를 바보라고 믿는 편이 낫다. 스스로에 대해 그렇게 말하고 다니라는 것이 아니다. 스스로를 얕잡아 보는 태도를 통해 겸허하게 문제에 임하라는 것이다. 어차피 해결할 수 없으니 밑져야 본전이라는 태도도 도움이 된다. 반드시 혼자 힘으로 그 문제를 풀어야 한다고 생각하면 자기도 모르게 긴장해 버리고 만다. 그렇게 되지 않도록 차라리 자신을 속이는 편이 낫다.

　　사실 최근에는 자존감이나 자존심을 중요하게 여기는 사회적 분위기에 따라 어렸을 때부터 칭찬만을 듣고 자라는 경우가 꽤 있다. 하지만 이러한 환경에서는 자신감으로 가득해 무의식중에 허세를 부리는 사람으로 성장할 가능성이 크다. 이런 사람의 뇌는 휴식을 취할 수 없다. 스스로에 대한 자신감보다 실제 더 나은 인간이 되기 위해 항상 긴장하고 있을 수밖에 없기 때문이다.

지나치게 겸손을 떠는 것도 꼴사나운 일이므로 이 또한 바람직하지 않다. 하지만 무엇보다 자신을 과대평가해 무리하지 않는 것이 중요하다. 특히 자신의 두뇌는 그리 특별하지 않다고 생각하며 언제나 느긋한 마음을 유지하는 편이 휴식을 취하는 데는 더 낫다.

다만 뇌에게 휴식을 선사했다고 해서 곧바로 새로운 생각이 떠오르는 것은 아니다. 앞서 말한 바와 같이 문제에 몰두하는 충분한 시간과 오랫동안 꾸준히 생각하는 노력을 거친 후에 가능하다.

결국 가장 간단하게 휴식을 취할 수 있는 방법은 휴식의 완급을 조절하는 것이다. 충분히 집중하는 시간을 가진 후 문득 뇌를 해방시킨다. 그것이 확실한 휴식을 위한 방법이다.

그리고 이러한 집중과 해방의 완급 조절은 분산작업을 통해 자연스레 몸에 익힐 수 있다. 집중해서 몰두하다가 진도가 나가지 않는 순간 다른 작업을 새롭게 시작하면 어쩐지 안심이 되며 다시 새롭게 몰두할 수 있는 상태로 접어든다. 기분도 전환되며 휴식을 취한 기분이 들기도 한다. 지나치게 집중한 상태에서 벗어나 잠시 쉬어가며 한숨 돌리는 것과 같은 효과를 갖는다.

게다가 작업의 종류에 따라 눈을 쓰는 일, 손을 쓰는 일, 머리를 쓰는 일이 모두 다르게 적용된다. 다른 작업으로 옮겨감으로써 각기 다른 신체 부위를 사용하기 때문이다. 작업의 형태에 맞춰 신체의 각 부분을 휴식과 집중의 상태로 변환할 수 있다.

우리의 두뇌 역시 마찬가지다. 소설을 쓰다가 만들기를 하고, 정원을 꾸민 뒤 다시 소설 집필 작업으로 돌아오면 소설을 쓰는 데 사용된 뇌의 영역은 다른 작업에 몰두하는 동안 충분한 휴식을 취할 수 있다.

물론 이 방법이 모두에게 동일하게 효과를 내는 것은 아니다. 하지만 적어도 어떤 일에 집중해야 한다고 조급해하는 것은 무의미한 일이며 스스로를 채찍질한다고 해서 능률이 오르는 것이 아니라는 사실에는 모두가 동의할 것이라고 생각한다.

누구나 똑같은 작업을 계속하다 좀처럼 일이 잘 풀리지 않는다고 생각했던 경험이 있을 것이다. 졸음이 쏟아지거나 잡생각으로 가슴이 답답했던 경험이 있을 수 있다. 그리고 이는 당신의 두뇌가 지금의 작업 방식이 틀렸다고 주장하고 있는 상태이기도 하다. 졸음이 밀려왔을 때 하던 일을 잠시 멈추고 잠시 딴짓을 시작하면 금세 머리가 맑아졌던 경험을 떠올려보라.

자신의 신체 반응을 잘 관찰하고 어떻게 하면 나의 능력을 더 잘 발휘할 수 있는지, 또 나의 신체적 경향은 무엇인지 곰곰이 생각해보길 바란다. 반드시 스스로 관찰하고 생각한 방법이어야 한다. 책에서 읽은 방법이라서, 텔레비전에 소개된 방법이라고 무조건 믿어서는 결코 발전할 수 없다.

세상에 통하는 상식이

나에게도 통할까?

세상에는 통계에 기초한 연구가 많다. 그리고 많은 이들이 그 통계를 바탕으로 일반적인 방법론을 이끌어내고자 한다. 하지만 이는 통계의 대상이 평균으로 인정되었다는 의미에 불과하며 개별적인 문제를 해결하는 데는 별 도움이 되지 않는다. 다시 말해, 통계를 통해 이끌어낸 방법이 나에게도 동일하게 적용될 것이라고 아무도 보증하지 못한다는 것이다.

이상한 예일지 모르지만 100세 넘게 장수하는 사람들을 대상으로 하루에 담배를 몇 개나 피우는지 조사한 적이 있다. 이들의 약 90퍼센트는 담배를 피우지 않았지만 10퍼센트는 매일 20개비를 피우고 있었다. 이 결과를 단순히 통계학적인 측면에서 해석하면 하루에 담배를 2개비 피우는 것이 장수의 비결이라는 결과가 도출된다. 평균이라는 것은 이런 숫자인 것이다.

나는 사람의 이름을 잘 기억하지 못한다. 고유명사를 기억하는 데 소질이 없다. 어렸을 때부터 교과서에 실린 역사적 인물의 이름을 잘 외우지 못했다. 그 사람의 생김새와 이름이 몇 글자였는지, 또 교과서 어느 위치에 사진이 실렸었는지 모두 기억하지만 정작 이름은 기억하지 못했다. 결국 나는 그 사람이 어떤 일을 했고 무엇으로 유명해졌는지는 답할 수 있어도 정작 그의 이름을 말하지 못해 형편없는 시험 점수를 받곤 했다. 세상의 이치에 따르면 나는 그를 모르는 상태이기 때문이다. 설령 그 인물의 초상화를 그릴 수 있다 하더라도 그를 제대로 알고 있다고 인정받지 못한다.

그렇다고 해서 풀이 죽지는 않았다. 오히려 세상이 틀렸다고 생각하며 고유명사 외우기를 그만두기로 결심했다. 구체적이고 정밀한 지식이 없으니 많은 과목의 성적이 평균 이하였다. 하지만 숫자와 물리는 달랐다. 아무것도 외우지 않아도 나 스스로 생각해 답을 낼 수 있었기 때문에 이 두 과목에서는 높은 점수를 받곤 했다. 덕분에 간신히 국립대학교에 입학할 수 있었다.

여전히 나는 영단어의 철자나 한자의 획을 정확히 기억하지 못한다. 직업으로 글을 쓰고 있긴 하지만 누구보다 워드프로세서의 덕을 톡톡히 보고 있다. 한자를 정확히 쓰지 못해도 글을 쓸 수 있으며 영어의 철자를 잘못 입력하면 컴퓨터가 자동으로 고쳐준다. 어렴풋한 지식을 이러한 보조 기기로 보완할 수 있는 시대가 된 것이다.

여전히 나는 어째서 그 모든 이름을 정확하게 기억해내야 하는지 이해할 수 없다. 암기에 적합한 두뇌를 가진 사람은 분명 존재한다. 그런 사람들에게는 시험이라는 형태가 지식의 정도를 평가하는 기준으로 사용되는 것이 적합하다. 하지만 분명 그렇지 않은 두뇌도 있다. 우리는 다른 능력을 발휘할 수 있는 두뇌도 있음을 인정해야 한다.

△　　　　　# 나의

기억 방식

　　이제와 돌이켜보면 과거에 내가 그렇게 세세한 부분까지 기억하려 애쓰지 않은 덕분에 지금 더 추상적으로 생각하고 상식에 얽매이지 않는 자유로운 판단을 할수 있지 않을까 생각한다. 나는 과거의 습관 덕분에 무엇이든 무조건 외우려 들지 않고 외웠던 정보를 맹신하지도 않는다. 어떤 것도 단정 짓지 않는 것이다. 그리고 이러한 나의 경향은 연구자로 일할 때 무척 도움이 되었다. 글쓰기를 직업으로 삼고 있는 지금도 이러한 사고법은 나만의 개성으로 작용하여 작가로서의 나를 구성하는 중요한 요소가 되었다.

　　이름을 기억하지 못하면 타인과 대화를 나눌 때 그 대상을 콕 집어 말할 수 없어 불편한 것도 사실이다. 그래서 나는 그 대상과 관련한 최대한 많은 정보를 함께 전달한다. 예를 들어 특정 인물에 대해 이야기하고 싶을 때는 그의 생김새를 설명하거나 어떤 버릇이 있는지, 어떤 행동을 하는지 등을 함께 설명하는 것이다. 이때 나에게 그 인물의 이름을 가르쳐주는 이는 대게 나의 아내다. 그녀는 모든 것의 이름을 기억하고 있는 사람으로 그야말로 이 분야의 전문가라고 할 수 있다.

덕분에 내 아내는 무엇이든 이름 붙여 설명하려고 한다. 예를 들어 나에게 어떤 가게에 대해 설명할 때 가장 먼저 가게의 이름을 이야기한다. 하지만 대부분 나는 그 대상이 무엇인지 알지 못하기 때문에 여러 추가 질문을 한다. 하지만 '어디에 있는 가게를 말하는 거야?' '우리가 언제 갔었어?'와 같은 나의 질문에 아내는 아무런 대답도 하지 못한다. 나와는 반대로 아내는 이러한 관련 데이터를 기억하지 못하는 경우가 많기 때문이다. 아내에게는 단지 가게의 이름만이 남아있을 뿐이다.

아마 대부분의 사람들이 나의 아내와 비슷한 성향일 것이다. 많은 사람들이 대상의 이름을 기억함으로써 그 외의 데이터는 몽땅 잊어버린다. 어렸을 때는 새로운 대상을 만나면 끊임없이 관찰하고 그 특징을 기억하는 것이 하나의 즐거움이었다. 하지만 어른이 되고 나서부터는 그 즐거움을 모두 하나의 이름으로 대체한다. 이름을 기억함으로써 기억해야 할 정보의 양을 줄이는 것이다. 에너지 소모가 덜하고 훨씬 편리하기 때문이다.

이름은 그 대상을 나타내는 집중의 기호다. 그 대상은 이름 외에도 다양한 정보를 포함하고 있지만 우리는 이름을 기억함으로써 다른 모든 것은 잊을 수 있다.

하지만 나의 기억 방식은 수많은 정보를 파악하고 저장하는 분산기억이다. 아무리 많은 정보라 하더라도 분산해서 가지고 있으면 설령 일부를 잊는다 해도 남아 있는 다른 기억을 통해 유추해낼 수 있다. 분산기억을 활용하면 모든 정보를 깡그리 잊어버리는 일은 웬만해서는 일어나지 않는다. 하지만 이름만을 기억한 상태에서 그 이름마저 잊어버린다면, 더 이상의 소통은 불가능하다.

△   **이미지로**

기억하라

　　물론 이러한 분산기억은 더 많은 양의 정
보를 기억해야 하기 때문에 비효율적이라는 평가를 받을 수
도 있다. 하지만 인간의 두뇌는 이미지를 기억하는 것을 더
편안하게 여긴다. 일례로 우리는 사람의 얼굴을 매우 쉽게 구
별한다. 이름은 기억나지 않지만 생김새만은 선명하게 떠오
르는 수많은 사람들을 생각해보라.

　　나는 한 번 만난 사람의 얼굴은 잊지 않는다. 시간이 지
나면서 그 이미지가 흐릿해질지는 몰라도 그 사람이 누구인
지는 판별할 수 있다(여전히 이름은 기억나지 않는다). 얼마
전 길을 걷다 분명히 알고 있는 얼굴임에도 누구인지 기억해
내지 못한 사람을 마주친 적이 있다. 그리고 마침내 30년 전

에 다녔던 운전면허 학원의 접수 담당 직원이었음을 기억해 냈다. 30년이 지났지만 여전히 그 사람의 이미지를 기억하고 있었던 것이다.

물론 언어가 인류 최대의 발명품이며 언어 덕분에 비약적인 발전을 이룩할 수 있었다는 사실은 누구도 반박할 수 없다. 하지만 언어로 인해 우리가 잃어버리고 있는 것 또한 많다는 사실을 떠올려보길 바란다.

언어나 기호의 등장 덕분에 오직 기억력에만 의존해오던 정보 공유가 더욱 수월해졌다는 것은 언어가 가진 가장 큰 장점이다. 하지만 이 과정에서 피할 수 없는 단순화가 발생했다. 미처 글로 옮겨 담지 못한 수많은 정보가 그대로 손실되었다는 사실은 언어가 가진 치명적인 단점이라 할 수 있다.

사실 이미지를 기억하는 암기 방식이 더 많은 뇌 용량을 차지하는 일이기는 하다. 컴퓨터에서도 해상도 높은 하나의 이미지 파일이 차지하는 용량이 소설 작품 한 권의 텍스트 파일과 비슷한 용량을 차지할 때가 있다. 하지만 이는, 원래 인간 두뇌가 그 정도의 정보를 보유할 만큼의 용량을 가진다는 의미이기도 하다. 어쩌면 우리는 더 많은 가능성을 가지고 있음에도 더 편리하다는 핑계로 언어의 함정에 스스로를 가두어버리고 있는 것은 아닐까?

게다가 언어는 우리의 사고에도 큰 영향을 미친다. 우리는 어느새 언어를 통해서만 사고하게 되었다. 따라서 한정된 언어의 사용은 우리의 두뇌가 가진 본연의 처리 능력을 충분히 활용하지 못하게 만들었다. 게다가 최근에는 정보 통신 기술의 발달로 인간 두뇌가 책임져야 했던 기억과 사고의 부담이 점점 더 줄어들고 있다. 덕분에 제대로 사고하는 사람들 역시 줄어들고 있는 것이다.

생각하고 있다고 해도 그저 아무것도 모르겠다는 생각만이 머릿속을 맴돈다. 고민하고 있다고 이야기하지만 사실은 그저 곤란하다는 푸념만이 떠오를 뿐이다. 어떻게 하는 것이 최선의 방법일지 다양한 가능성을 상상하고, 주어진 선택지의 성공 확률을 예측하는 진짜 사고는 이루어지지 않는다. 모르겠다, 곤란하다는 말에 집중하고 있을 뿐 자신이 처한 상황을 다양한 시점에서 관찰하지 않는다. 상대방의 입장에서 생각하는 것은 더욱 불가능한 일이 되었다.

어떤 이들은 모든 사고가 언어를 통해 이루어지고 언어의 범위 안에서만 사고가 가능하다고 단언하기도 한다. 하지만 내가 떠올리는 다양한 생각들의 90퍼센트는 언어의 형식을 따르지 않는다. 내가 메모를 하지 않는 이유도 이 때문이다. 나의 머릿속에 떠오른 수많은 새로운 생각들은 곧바로 언어의 형태로 표현할 수 있는 종류가 아니다. 가끔씩 반드시 기억하고 싶은 생각이 떠오를 때면 무리해서라도 언어의 형태로 적어둘 때도 있다. 하지만 시간이 지난 뒤 메모장에 남긴 단어를 다시 살펴보면 결국 나는 그것이 어떤 생각이었는지 기억해내지 못할 때가 많다. 어쩌면 우리는 언어를 너무 신뢰한 나머지 수많은 새로운 생각들을 놓치고 있는지도 모른다.

△   **얽매이지 않고,**

단정짓지 않고

'사과는 빨갛다'는 개념에 사로잡힌 아이는 사과 그림을 그릴 때 빨간색 물감만을 사용한다. 하지만 사과의 색이 정말 빨간색일까? 아직 말을 모르는 아이는 자신이 본 것을 솔직하게 그린다. 사과라는 이름은 모를지언정 그것을 하나의 사물로 인식하고 있는 그대로 관찰하는 것이다. 맛있다는 표현은 몰라도 사과의 맛을 기억하는 것과 같다.

어떤 것이든 다양한 면을 가지고 있다. 따라서 한 방향에서 바라보는 것으로는 본질을 가려낼 수 없다. 사실 반드시 본질을 가려낼 필요도 없다. 그저 관찰한 것을 솔직하게 받아들이고 포용해 이해하면 된다. 이를 위해서는 매사에 집중하지 않고, 얽매이지 않고, 단정 짓지 않고, 맹목적으로 믿지 않는 태도가 필요하다. 항상 다양한 가능성을 생각하는 분산사고도 도움이 될 것이다. 그렇다고 오직 분산사고만이 도움이 된다거나 이것 하나면 모든 문제가 해결된다고 받아들여서는 안 된다. 그래서는 분산의 의미가 사라지고 만다.

결론을 내리는 데 서두르지 말아야 한다. 뇌가 휴식을 취할 수 있는 시간을 충분히 가지는 것으로 우선 분산사고를 위한 첫 발을 내딛었다 할 수 있다. 새로운 사고를 위한 밭을 일구기 시작한 것이다. 하지만 이것만으로 금세 분산사고의 싹이 나는 것은 아니다. 느긋하고 너그럽게 지켜보며 기다리는 수밖에 없다. 그렇게 계속 돌보다 보면 지금껏 보이지 않던 가치를 깨닫는 여유도 생길 것이다. 그리고 이것이 분산사고의 싹을 틔우기 위한 또 다른 영양분이 되어줄 것이다.

그럼
에도

집중력
을

고민한다
면

지금까지의 사회는 다분히 일이 중심이었으며
인간 가치의 대부분이
그 사람이 종사하는 직업으로 평가되어 왔다.
'커서 무엇이 되고 싶니?'라는 질문에
대부분의 아이들은 자신이 미래에 갖고 싶은 직업으로
대답할 것이다.

하지만 일은 생활을 영위하기 위한
수단으로서 존재할 뿐, 그것이 살아가는
목적이 될 필요는 없다.
우리가 일을 하는 이유는 돈을 벌기 위해서다.
그런데 삶과 일을 동일 선상에 놓는 실수를 범하며
무리하기 때문에
'하고 싶은 일을 하지 못한다'
'직장생활이 즐겁지 않다'라는 고민이 생겨난다.
일과 삶을 분리하지 못해서 생긴 착각이다.

이미 이야기했지만 집중사고는
과거 산업혁명 시대의
공장에서나 요구되는 소양이다.

오늘날에는 단순 작업의 대부분을
인간이 아닌 컴퓨터가 대신한다.
그리고 이러한 경향은 앞으로 더욱 심해질 것이다.
덕분에 인간의 일은 점차 분산형 사고에
적합한 것으로 전환되어
때로는 발상하고,
전혀 관계없는 것들을 이어붙이고,
시험해보고,
다시 도전해보는 것으로 이루어질 것이며,
더욱 다양한 시각으로 주변을 살피는 능력이
요구될 것이다.

그리고 이러한 변화는 일 외에 개인의 생활에서도
완전히 동일하게 이루어질 것이다.
대량생산 시대에는 개인의 삶의 방식도 획일적이었다.
모두가 같은 날에 쉬고, 주말에는 같은 장소에 모여
대량소비를 했다.
당시에는 이러한 경제활동이 합리적이었기 때문에
지속 가능했지만
점차 사회가 발전하고 노동의 형태가 다양해지면서

삶의 방식 또한 다양하게 변하고 있다.

다양성이 허용될 만큼 풍족해졌다.

예를 들어, 과거에는 개인의 취미나 유행이

한 시대에 하나 정도에 그쳤다.

모두가 비슷한 삶의 방식을 따르고

그것을 추구하지 않는 것은 이상하다고 여겨졌다.

하지만 최근에는 이러한 경향이 무너지고 있다.

이것도 좋고 저것도 좋다.

경제적으로, 또 시간적인 여유가 허용되는 범위 안에서

다양한 취미 생활을 즐기는 것이 자연스럽다.

덕분에 삶의 방식 또한 복잡하고 다양해지고 있는 것이다.

그림에도 집중력을 고민한다면

하지만 이렇게 자유로운 시대에도

여전히 과거의 고정관념이 개인의 사고를 속박하고 있다.

이유도 없이, 어쩐지, 그래야 하며,

그것을 벗어나는 것은 왠지 나쁜 일인 것 같다.

하지만 사고방식을 조금 바꾸기만 해도

시야가 트이고 환해졌다고 느낄 수 있다.

당신을 속박하는 것은

대부분 당신의 고정관념이다.
부디 잠시 자신을 돌아보고
스스로 생각하길 바란다.

이번 인터뷰에서는 많은 이들이
집중을 방해하는 요소로 꼽는 것들에 대해 말한다.
이러한 요소들로부터
자유로운 상태를 유지하는 나는
오히려 이를 통해 집중에 집착하지 않고
보다 자유로운 사고가 가능해졌음을 밝힌다.
더불어 앞선 인터뷰와 마찬가지로
이는 나의 이야기일 뿐이다.
다만 이를 통해 스스로 갇혀 있던 고민에서 벗어나
독자들 역시 새로운 자유의 세계를 발견할 수 있기를 바란다.

우리는

왜 고민하는가?

고민과 감정을 다루는 방법에 대해 질문하겠다. 지금까지 살아오면서 머릿속에서 고민을 떨치지 못해 집중할 수 없었던 경험이 있는가?

모리 솔직히 말해 그렇게 심각하게 고민한 경험은 없다. 오히려 그런 상태에 빠지는 것이 싫어 미리 대책을 세우고 혹시나 그런 기미가 보이면 재빨리 손을 써 상황을 방지하는 편이다.

사실 나는 세상 사람들이 정말 낙천적이라고 생각한다. 모두가 스스로는 괜찮을 것이고 그토록 나쁜 일이 자신에게는 일어나지 않을 것이라고 생각하는 것 같다. 사실 내가 전공했던 공학이란 학문은 아직 일어나지 않은 일에 대한 가능성을 바탕으로 한다. 즉, 항상 위험의 정도를 평가하고 나름의 대책을 생각하는 학문인 것이다.

실제 우리가 살아가는 세상은 예상 외의 상황이 자주 일어나지 않는다. 사람은 모두 죽고, 물건은 언젠가 망가진다. 때문에 조금의 가능성이 있다면 그것을 모두 염두에 두어야 한다. 인간관계에서도 마찬가지다. 상대에게 지나치게 기대하고 배신당할 수도 있다는 가능성을 완전히 배제해버리기 때문에 오히려 이러한 상황을 더 자주 맞이하게 된다.

운이 좋게도 나는 아직까지 손쓸 수 없을 정도의 큰 문제를 직면한 적은 없다. 게다가 고민하는 것은 문제가 발생하기 훨씬 이전 단계에 이루어져야 할 일이다. 이미 상황이 발생한 뒤에 고민을 시작하는 것은 너무 늦다.

솔직히 말해 이러한 이유로 나는 고민하고 있는 사람에게 아무런 조언도 할 수 없다. 그 고민의 원인은 몇 년 전부터 이어져 온 것이다. 지금부터 대책을 세우더라도 문제가 해결되려면 오랜 시간이 걸리는 경우가 대부분이다. 물론 그 과정에서 교훈을 얻을 수도, 일시적으로나마 상대방의 충고가 도움이 된 경우도 있을 수 있다. 하지만 이 모든 것이 근본적인 해결방법이 되어주지 못한다는 사실은 명백하다.

콤플렉스는

모든 인간이 다르다는 증거

문제가 될 것을 알고 있으면서도 좀처럼 해결하지 못하는 경우도 있다. 예를 들면 스스로 약점이자 콤플렉스로 여기는 부분 때문에 어려움을 겪는다면 어떻게 해야 하는가?

모리 콤플렉스란 누구나 갖고 있는 것으로, 반대로 생각하면 인간이 모두 다르다는 증거이기도 하다. 약점이 없다고 말하는 사람은 아주 좁은 시야를 가지고 있다고 스스로 말하는 것과 다름없다. 타인과의 차이를 인정하고 자신에게 부족한 부분을 파악하는 것은 무척 중요한 일이다. 그리고 그 약점으로 인해 일부 행동에 제약을 받는 것 역시 당연하다.

더 중요한 문제는 그 약점을 보완할 방법을 스스로 찾아내는 것이 아닐까? 많은 시간을 들여도 좋고 그저 잠깐의 상념도 괜찮다. 스스로 콤플렉스가 있다고 생각된다면 성과를 내기 위해 남들을 무조건 따라하려 하지 말고 나름대로의 목표를 가져야 한다.

누구도 스스로를 부정할 수 없다. 타인과 나를 마음대로 바꿀 수도 없는 일이다. 지금 입은 옷이나 신발이 마음에 들지 않더라도 일단 집을 나서면 그대로 가는 수밖에 없다. 내가 신은 신발을 신고 계속 걸어야 하는 것이다. 이 복장으로는 입장하기에 부끄러운 곳이 있을 수도 있고 이 신발을 신고는 도저히 걸을 수 없는 길이 있을 수도 있다. 이는 마치 콤플렉스로 인해 행동에 제약을 받는 것과 마찬가지다. 결국 모두가 현재 자신에게 허용된 범위 안에서 자신이 걸어야 할 길을 고르는 수밖에 없다.

인간으로 태어난 이상 우리는 평생 인간으로서 살아가야 한다. 하늘을 날 수 없고 물속에서 숨을 쉴 수도 없다. 그렇기 때문에 인간은 우리가 가진 수많은 약점을 극복하기 위해 다양한 과학 기술을 발명해왔다. 우리가 갖고 있는 약점의 순기능이라 할 수 있다.

많은 약점이 타인과 스스로를 비교하는 것에서 시작되

곤 한다. 하지만 타인의 범위는 극히 개인적인 것으로 자기가 정해놓은 기준일 때가 많다. 그리고 우리는 꽤나 자주 스스로 정의한 타인의 범위를 사회 전체라고 오인하곤 한다. 그렇다면 왜 제멋대로 기준을 정해놓고 비교하는가? 스스로 정한 울타리 안에서 괴로워하고 있지는 않은가?

　다른 누군가처럼 되고 싶다는 동경은 자연스러운 일이다. 하지만 모든 존재는 태어난 순간부터 각자의 길을 걷고 있다는 현실을 깨달아야 한다. 우리는 누구도 다른 사람의 길을 걸을 수 없다.

　결국 자신의 길은 자신의 다리로 걸어야 한다. 이러한 마음가짐만으로도 자신이 가지고 있는 약점에 대한 대부분의 고민이 해결될 것이라 생각한다.

자신감은

문제가 되지 않는다

그렇다면 자신감은 어떤가? 자신감은 남들보다 더 뛰어나다는 인식이기도 하다. 이러한 태도가 필요한 것일까?

모리 글쎄, 잘 모르겠다. 사실 나는 자신감이라는 것이 그저 스스로를 위한 연기에 불과하다고 느낄 때가 많다. 남들과의 관계에서 자신감에 가득 차 있는 것처럼 비추어지는 편이 유리하다고 생각해 과장되게 꾸며내는 경우가 많다고 생각하기 때문이다. 자신 있어 보이는 사람도 정작 스스로는 그렇지 못하다고 생각하는 경우도 많을 것이라 짐작한다.

물론 남들보다 잘 하는 일이 있고 그것이 무엇인지 스스로 파악하고 있는 것은 좋은 일이다. 하지만 이 또한 객관적인 평가가 전제되어야 한다. 게다가 자신감이 다른 무엇보다 최고라는 최근의 사회 분위기는 경계할 만하다. 근거 없는 과도한 자신감은 자칫 자만이나 과신으로 이어져 부정적인 영향을 미칠 수밖에 없다.

앞서 이야기했듯 나는 매사에 서툴고 성급한 태도가 나의 약점이라고 생각한다. 또 쉽게 지치거나 금방 싫증내곤 하며, 체력이 약해 남들만큼 노력하지 못한다. 그래서 나름의 방법으로 분산작업을 고안해 꾸준히 해나갔다. 앞일을 내다보고 걱정되는 일이 있으면 미리 손을 써두는 것도 마찬가지다. 나는 마음이 급해지면 덜렁거리는 성격 탓에 오히려 실수가 늘고 궁지에 몰린 상황에서는 노력할 수 없다. 때문에 매사 조심하는 수밖에 없다.

게다가 나는 무슨 일에든 자신이 없다. 무슨 일이든 실패를 먼저 생각하며 잘 되지 않을 것이라고 비관적으로 생각하는 인간이다. 그래서 되도록 실패의 가능성이 적은 방법을 골라 조심스럽게 시도한다.

많은 스포츠 경기에서 감독들의 요구 사항은 모두 동일하다. 언제나 '자신감을 가져라'라고 마치 주문처럼 외치곤 한다. 하지만 모든 경기는 반드시 승자와 패자가 존재한다. 결국 자신감이 성공으로 이어질 확률은 고작해야 50퍼센트에 불과한 것이다. 자신감이 있든 없든 결국 결과에는 아무런 영향도 미치지 않는다. 이는 자신감이 부족한 스스로에 대해 고민할 필요가 전혀 없다는 말이기도 하다.

반복적인 업무가

지겹다면

홍미를 느끼지 못하는 일, 예를 들어 반복되는 사무 작업처럼 따분한 일은 어떻게 처리해야 할까?

모리 나는 지금까지 반복되는 단순한 사무 작업이 필요하지 않은 직업만을 가졌기 때문에 가끔 단순 작업을 할 기회가 생길 때면 오히려 즐거움을 느끼곤 했다. 대부분의 단순 작업은 일단 일이 익숙해지면 더 편리하고 효율적인 방법을 찾아내는 것이 어렵지 않다. 덕분에 일의 처리 속도 역시 빨라진다. 그리고 나는 이렇게 더 나은 방법을 찾아내는 과정이 언제나 무척 흥미롭다.

단순 작업이 즐겁다고 느끼는 또 다른 이유는 아마 명확한 끝이 있기 때문이 아닐까. 대게 이러한 일들은 여기까지 하면 모든 작업이 끝이 난다는 분명한 종착점이 설정되어 있다. 반면에 연구자나 작가가 하는 일에는 명확한 종착점이 없다. 얼마나 더 해야 끝날지 알 수 없고 아무리 시간이 흘러도 끝난다는 기미조차 알아챌 수 없다. 이런 일만 20년이 넘도록 하다 보니 일단 명확한 끝이 있다는 것만으로도 기쁘다. 실제로 모든 일을 끝냈을 때 성취감도 느낄 수 있다. 이러한 감정을 만끽할 수 있는 것만으로도 나는 무척 새로웠다.

다만 이는 철저히 나의 경험이고, 만약 매일 똑같은 단순 작업을 반복해야 한다면 누구든 지겨움을 느낄 것이라 생각한다. 게다가 계속해서 똑같은 과제가 주어진다면 더 나은 작업 방식이나 효율성을 고민할 여지도 사라진다. 완전히 똑같은 과정만이 반복되기 때문이다. 많은 이들이 새로운 목표를 찾아 방황하는 이유도 이 때문일 것이다.

물론 대부분의 일들이 이토록 극단적으로 반복되는 일로 이루어지진 않는다. 어떤 계기로든 새로운 방법을 떠올려야 할 기회는 찾아온다. 또 일부에서 시도되었던 새로운 방식으로 인해 작업 방식 전체가 변화할 수도 있다. 새로운 직장으로의 이동이 모든 상황을 변화시키기도 한다.

모리 늘 고민하는 부분이다. 업무 시간을 줄이기 위해 항상 머리를 쥐어짜고 있다. 그 덕에 지금은 하루 작업 시간이 1시간 안쪽이다.

만약 일이 즐겁다면 이런 극단적인 효율성은 필요하지 않을 것이다. 그저 즐겁게 일을 하면 그만이다. 즐거운 시간을 줄일 필요는 없지 않은가? 나도 연구를 처음 시작했을 때는 일이 재미있어서 효율성 같은 것은 조금도 고민하지 않았다. 게다가 연구는 애초에 생산적인 작업이 아니기 때문에 효율이라는 말이 어울리지 않는다. 하지만 지금 나의 즐거움은 일이 아닌 다른 곳에 있다. 따라서 일하는 시간은 최대한 줄이고 내가 좋아하는 것에 더 많은 시간을 할애할 수 있도록, 즉 더 나은 일의 효율을 위해 노력하고 있다.

결국 효율이라는 것은 주어진 시간당 생산량을 늘리는 것이다. 따라서 내가 하고 있는 일이 정확한 생산량을 측정할 수 없는 일이라면 작업에 소요되는 시간을 줄이는 방법으로 일의 효율을 높일 수 있다. 하지만 시급을 받고 일하는 사람에게 이러한 계산은 무의미하다. 시간을 줄이면 임금이 줄어들 뿐이다.

자영업자나 창작자의 경우엔 생산물의 가치를 높이는 것이 효율성을 높이는 것과 동일한 효과를 갖는다. 만약 소설가라면 같은 시간을 들여 소설을 완성했을 때 그 작품이 인기를 얻어 많이 팔리면 더 나은 효율을 발휘했다고 계산할 수 있다. 생산물의 가치가 올라갈수록 시간당 생산량이 증가한 것이니 말이다.

○

인터넷을

다루는 방법

SNS나 인터넷을 대하는 우리의 태도는 어떠한가? 답장을 해야 한다는 데서 비롯된 강박관념이나 끊임없이 울려대는 메신저로 피로를 느낀 적은 없는가?

모리 물론 나 또한 피로를 느낄 때가 많다. 그것들로 인해 효율적인 작업이 불가능했던 경험도 있다. 내가 작가로 등단했을 당시에는 그 누구보다도 인터넷을 활발하게 활용하고 있었다고 자부한다. 당시에는 많은 사람들이 이러한 기술의 진보에 낯설어 했지만, 나는 1996년에 나의 첫 개인 블로그를 공개하고 팬들이 보낸 이메일에 답장을 하는 등 활발히 활동했었다. 이러한 작업 방식이 효율적이라고 생각했기 때문이다. 또, 무료로 공개한 블로그의 글을 모아 책으로 출간했는데 그 수가 28권이나 되었다. 블로그의 글을 출판한 것은 내가 일본에서 최초였을 것이다. 나의 팬클럽도 인터넷에서 처음 탄생해 지금은 회원 수가 16,000명이 되었다. 이 또한 작가로서는 드문 일이라고 생각한다.

하지만 2008년부터는 팬이 보낸 이메일에도 답장하지 않고 트위터나 페이스북도 전혀 이용하지 않는다. 예외적으로 팬클럽 회원을 대상으로 한 블로그에 글을 쓰고 있을 뿐이다. 사실 더 이상 블로그의 글을 인쇄 서적으로 출판하는 시대는 지났다. 실제로 너무 많은 사람들이 블로그를 운영하고 있기 때문에 이제 나의 몫은 끝났다는 생각도 한다.

애초에 나는 유명해지고 싶어서 작가가 된 것이 아니다. 내가 좋아하는 일을 하기 위해서는 어느 정도의 자금이 필요하기 때문에 작가가 되었을 뿐이다. 또한 나는 나의 본심을 거침없이 표현하는 편이며 가식적인 것을 싫어한다. 그래서 한 번도 '내 책을 읽어 달라'고 사람들에게 요청한 적이 없다. 또한 판매량을 염려해 나의 진짜 생각을 숨기고 가식적으로 행동한 적도 없다.

이러한 나의 성향을 이야기하는 이유는 일반적으로 사람들이 말하는 인터넷 피로가 스스로를 꾸미고 남들의 호감을 사기 위해 자신의 본모습을 숨기는 데서 생겨난다고 생각하기 때문이다. 많은 사람들이 스마트폰에서 벗어나지 못하는 이유도 친구에게 미움을 받고 싶지 않고 모두와 두루 친밀하게 지내고 싶다는 욕망에서 비롯된 것이라고 생각한다.

사실 나는 도대체 왜 그토록 많은 사람들이 스스로 하고 싶지 않은 일에 자발적으로 참여하는지 이해할 수 없다. 인터넷을 통해 연결되어 있지 않아도 우리의 실제 삶은 아무 불편 없이 돌아간다. 오히려 더욱 효율적이고 현명하게 나의 남은 시간을 활용할 수 있다.

바로 지금이 나의 전부라고 여겨왔던 가상의 세계에서 한 발자국 떨어져 진짜 삶을 돌아봐야 할 시간이다. 모두가 가상 세계나 타인의 시선이 아닌 자신이 원하는 스스로의 삶을 살아가길 바란다.

거창한 꿈이 아니라

사소한 매일을 움직여라

인생을 건 큰 꿈을 품고 계속해서 그것을 실현하기 위해 도전하는 동기가 무엇인가?

모리 인생을 건 꿈이라는 것은 애초에 자신이 그만큼 시간을 들여서라도 도달하고 싶은 목표이자 종착점이다. 때문에 별다른 동기부여를 할 필요 없이 그 꿈 자체만으로도 꾸준히 계속해나갈 수 있어야 한다. 만약 그 목표가 사라졌다면 그때 그만두어도 늦지 않다. 구태여 새로운 목표를 만들 필요는 없다. 애초에 자신이 하고 싶은 일이라면 의욕이 시들해지는 시기가 찾아오더라도 잠깐의 휴식 기간을 갖는 것만으로 다시 그 목표를 향해 노력하고 싶어진다.

나는 이런 목표가 반드시 하나여야 할 필요도 없고, 그 방향이 변경되어 최종 목표가 변한다 해도 상관없다고 생각한다. 처음에는 보이지 않았던 것들이 점차 시야가 넓어지면 더 멀리까지, 더 널리 보이기 때문이다. 주제는 변한다. 하고 싶은 것도 변한다. 그래도 아무런 상관없다.

중요한 것은 자신이 몰두하는 동안 느낄 수 있는 즐거움이다. 내가 하고 싶은 것을 스스로 진행해나간다는 성취감이다. 나는 대게 혼자서 작업을 진행한다. 그리고 혼자 하는 작업이 좋다. 아무도 모르게 하는 일일수록, 마치 울창한 숲 속에서 땅을 파고 있는 것처럼, 지금 여기에는 나 혼자밖에 없고 이 일의 가치를 아는 것도 나뿐이라고 느낄 때, 그 고독이 가장 즐겁다.

그러므로 꿈을 위한 동기부여가 고민이라면 아무런 걱정할 필요 없다. 분명 동기부여가 필요 없을 만큼 즐거운 나만의 목표가 있을 것이다. 만약 새로 시작한 일에 좀체 의욕이 생기지 않는다면 그만두면 된다. 하지 않아서 부끄럽고 반드시 해야 한다는 압박을 느낀다면, 이는 필시 타인의 시선을 의식하기 때문이다. 그 목표는 나를 위한 목표가 아니라 타인을 위한 목표이다.

거창한 꿈보다 더 중요한 문제는 사소한 매일을 움직이

기 위한 동기부여다. 내일 하면 된다는 나태한 마음과의 싸움이다. 이것은 이미 동기를 운운할 단계가 아니다. 감독자인 스스로를 제대로 감시하고 관리해야 한다. 적절한 질타와 격려로 제대로 일하도록 만드는 수밖에 없다.

오늘 나의 상태가 어떻든 오늘 해야 할 일을 시작해야 한다. 일단 시작만 하면 의외로 즐거워진다. 그리고 계속하다 보면 자신이 해낸 것에 감동하는 날이 온다. 이 또한 진짜 목표가 가진 즐거움이다. 누군가에게 인정받지 않아도 스스로를 인정하게 되는 것이다.

목표한 바를 달성하지 못했을 때 이를 감정 탓으로 돌리는 일은 없을 듯하다.

모리 사실 실패의 원인을 감정 탓으로 돌린다는 말이 잘 이해되지 않는다. 의욕이라는 것이 감정은 아니지 않은가? 의욕은 희로애락에 속하지 않는다. 동기나 의욕보다 중요한 것은 그날 나의 상태다. 스스로를 관찰하고 되도록 작업에 알맞은 상태를 유지할 수 있도록 관리하는 것이 게으름을 감정의 탓으로 돌리는 것보다 훨씬 생산적이다.

나는 의욕이나 동기가 감정과 연결되어 있는 것이라고

생각하지 않는다. 차라리 이치나 논리와 더 가깝다. 일을 시작할 수 있게 만드는 동기란 것은 지금 고생하더라도 나중에 편해질 수 있다, 혹은 좋은 일이 생기리라는 추측에 기초한 계산에서 비롯되기 때문이다.

정말로 일이 하고 싶다는 본능적인 욕구를 가지고 일을 시작하는 사람은 사실 무척 드물 것이다. 많은 현대인들이 일하지 않는 삶을 꿈꾸는 것은 별다른 설명을 하지 않더라도 많은 이들이 공감하는 바다. 때문에 일에 대한 동기부여를 이끌어내는 것은 이성의 역할이다. 동일한 의미에서 자신이 꿈꾸는 미래를 상상하고 명확한 삶의 비전을 갖는 것 역시 결국 동기부여로 이어질 수 있을 것이라 생각한다. 철저한 계획과 실행에 따른 행복을 기대하는 것이다.

어쨌든 중요한 것은 그저 의욕을 갖는 것이 아니라 행동하는 것이다. 그리고 행동하기 위해서는 앞서 지적한 대로 계획이 필요하다. 일단 구체적이고 실행 가능한 계획을 세우면 남은 것은 그 계획을 지키는 것뿐이다. 실행의 단계에서는 머리를 써야 할 필요도 없고 고민할 필요도 적어지기 때문에 오히려 더 편안하다고 느낄 수도 있다.

앞서 단순 작업에는 명확한 끝이 있어 즐겁다고 말했다. 그리고 이러한 여러 단계의 단순 작업을 효율적으로 배치하는 것, 그것이 바로 계획이다. 설계도를 그리는 것은 무척 힘든 일이지만 일단 완성하고 나면 필요한 것은 실행을 위한 시간뿐이다. 그리고 시간은 누구에게나 공평하게 주어졌다. 당신은 이 공평한 기회를 어떻게 활용할 것인가?

Part 7

미래는

결국

딴생각으
로

움직
인다

집중은

인간을 배제한다

'개인이란 무엇인가'라는 질문에 여러분은 어떤 답이 떠오르는가?

셀 수 없이 많은 인간이 존재하지만 누구 하나 똑같은 사람은 없다. 외모가 닮은 사람이 있을지는 몰라도 그들 역시 모두 다른 존재다. 게다가 사람은 자연의 일부이며 항상 변화하는 존재다. 아이는 성장하고 어른이 되면 노화가 시작된다. 아주 짧은 시간 동안에도 인간의 신진대사는 계속되므로 하나의 세포가 그 상태 그대로 존재하는 시간은 찰나에 지나지 않는다. 뇌세포 역시 계속해서 바뀌고 있으니 다음 달의 뇌는 지금의 뇌와 같지 않다.

그럼에도 한 명의 개인이 존재한다는 것은 실로 신기한

일이 아닐 수 없다. 그 사람을 유일한 개인으로 존재할 수 있게 만드는 요소는 결국 신체적인 특징이 아닌 인격이나 개성과 같은 것일 테다. 하지만 이들 역시 시간이 흘러감에 따라 변화한다. 새로운 지식을 얻고 사고 회로는 더욱 복잡해지며, 1년 전에는 상상할 수도 없었던 생각을 자연스레 해내는 경우도 있다. 따라서 이렇게 변화하는 개인을 별개의 연속된 인격체로서 인식한다는 것은 실로 경이적인 일이라고밖에 할 수 없다.

그럼에도 물리적인 신체로서 존재하던 우리를 별개의 인간으로 만들어주는 것은 결국 각자가 가지고 있는 인격과 개성이라 할 수 있다. 즉, 사고하는 것이 인간이며 사고하고 있으므로 개인이 존재한다. 이는 반대로 말하면 생각하지 않을수록 인간에서 멀어져 기계에 가까워진 상태라고 할 수 있다.

최근에는 지금까지 인간의 육체가 행해온 많은 작업을 인간이 아닌 것에 맡길 수 있게 되었다. 운전 역시 자동 주행 장치가 대신한다. 과거에는 눈으로 보고, 뇌를 통해 신체 능력을 조절하며, 예상할 수 없는 위험을 피해 목적지에 도착하는 운전이라는 행위가 인간만이 가능한 고도의 사고 처리의 결과라고 여겨졌다. 하지만 지금은 컴퓨터가 이 모든 것을 대신한다. 게다가 기계에 맡기면 인위적인 실수는 사라진다.

무심코 한눈을 팔거나 과도한 피로 때문에 멍해지는 것은 인간만이 하는 실수다. 기계는 그렇지 않다. 만약 프로그램의 실수로 사고가 일어난다고 해도 원인을 규명해 프로그램을 수정하면 재발을 방지할 수 있다. 덕분에 사고가 일어날 때마다 안전성은 높아지고 프로그램은 점점 완벽에 가까워질 것이다.

과거에는 자동차를 운전하기 위해서 반드시 인간의 사고 과정이 필요하다고 생각했다. 하지만 그것은 사고가 아니다. 단순한 처리이며 다시 말해 반응에 불과하다. 오히려 운전 중 떠오르는 이런저런 딴생각이 지금 말하는 사고에 가깝다. 하지만 진정한 사고는 도움이 되기는커녕 운전을 방해하는 하나의 장애에 불과했다. 실제로 쓸데없는 딴생각을 하지 않고 운전에 집중하는 것이 지금까지의 안전 교육이었다.

이렇듯 집중이란 인간의 사고를 배제하는 행위이며 나아가 인간의 본성을 배제하는 행위다. 실제로 자동 주행 장치는 멀지 않은 미래에 보편화될 것으로 보인다. 자동차 운전에서 인간은 완전히 배제될지도 모른다.

어쩌면 현대의 우리 대부분이 이미 그저 처리하고 반응하는 기계로 변해버린 것은 아닐까? 인터넷상의 인간관계도 머지않아 자동화될지도 모른다. 나의 개인적인 기호를 분석

해 특정한 게시물에 자동으로 '좋아요'를 눌러주는 어플리케
이션이 개발될 수도 있다. 내가 좋아하는 것과 싫어하는 것이
모두 축적된 데이터를 통해 분석하는 것이다. 이 정보를 바탕
으로 친구에게 쓰는 댓글마저 기계에 맡겨버릴 수 있다. 오히
려 잘 계획되고 학습된 기계가 나의 개성을 더 능숙하게 표현
해낼지도 모를 일이다.

이러한 사회에서는 관계나 인연이라고 불리고 있는 것
이 형태만 남은 단순한 절차가 되어버린다. 이 귀찮은 과정을
모두 기계로 해결해버릴 수 있다. 이는 과거에는 인간만이 할
수 있다고 여겨지던 운전이 발전과 학습을 거듭한 결과 자동
주행 장치로 대체되어지는 것과 같다. 가까운 미래에 우리는
더 이상 아무런 생각도 할 필요가 없어질 것이다. 아니, 이미
지금 대부분이 그렇게 되었다고도 할 수 있다.

개성마저

빼앗기는 시대

　사회가 발전할수록 개인의 자아 발현은 점점 더 강조되는 반면, 모순적이게도 우리의 개성은 점차 매몰되어 간다. 생각하고 고민하는 시간이 줄어드는 만큼 우리의 개성이 발현될 가능성 역시 점차 낮아진다.

　매일 아침 지하철에 몸을 싣고 직장으로 향하는 수많은 사람들을 생각해보라. 이들은 모두 스마트폰을 바라보며 새로운 소식을 놓치지 않으려 쉼 없이 링크를 확인한다. 회사에 출근한 다음에는 요청받은 일을 처리할 뿐이다. 책상 앞에 앉아 모니터에 뜬 데이터를 복사해 붙여 넣고 정해진 양식에 맞추어 답신한다.

　휴일에는 휴일에 어울리는 정해진 생활이 기다리고 있

다. 모두가 자유롭게 좋아하는 것을 하는 것처럼 보이지만 그저 미디어에 휩쓸려 똑같은 장소에 모여드는 것일 뿐이다. 이미 여러 미디어를 통해 익숙해진 대상을 찾아가고 그것을 사진으로 찍는다. 이는 그저 확인의 행위다. 그리고 확인한 것을 주위에 보고한다. '좋아요'를 받으면 그것으로 하루 종일 기분이 좋다. 과연 이러한 과정 어디에서 개성을 찾을 수 있단 말인가?

많은 이들이 나의 이러한 발언에 '성가시다'라는 반응을 보일 것임을 안다. 그렇다, 본래 인간은 귀찮은 존재다. 말이 통하지 않고 제멋대로에 자기 좋을 대로 하기를 좋아한다. 아이를 관찰하다보면 이러한 나의 의견에 동의할 수 있을 것이다. 아이는 귀찮은 존재지만 그렇기에 가장 인간답다.

인간 사회는 꾸준히 자연을 배제해왔다. 도시가 대표적인 예다. 자연은 불확실하고 귀찮은 것이기 때문에 되도록 인공적인 대체물로 채워 안정적인 환경을 만들었다. 도시에서는 지하철이 조금만 연착되어도 큰 소동이 일어난다. 사람들은 '왜 하필 지금 늦어지는 거야'라고 툴툴거리며 끝도 없이 긴 줄에 선다.

끊임없이 자연을 배제하다 보면 결국 마지막에는 인간이라는 존재만이 남는다. 하지만 인간 역시 명백하게 자연에

속하는 존재다. 언제 상태가 나빠질지 알 수 없고 원인을 알
수 없는 변화도 잦다. 예상할 수 없는 상황에 빠지게 된 원인
에는 전부 인간이 있다.

최근의 정보 통신 기술에서는 마지막으로 남은 인간의
존재마저 제거되고 있는 것 같다. 어쩌면 인간은 인간을 싫어
하는 것일지도 모른다. 성공의 확률을 높이고 안전하고 안심
할 수 있는 환경을 실현하기 위해서 어쩌면 우리는 우리 스스
로마저 지워버리고 있는 것은 아닐까?

나의 삶을

살아가는 법

약간 과장해서 이야기하면, 이미 많은 사람들이 현대사회가 이미 상당 부분 인간미를 잃었다는 것을 느끼고 있을 것이라 생각한다. '어째서 이렇게 고생하며 살아가고 있는 것일까' '매일 똑같은 일상의 반복이다' '하루 종일 아무것도 하지 않고 그저 멍하니 있고 싶다'와 같은 감상은 이미 흔한 것이 되어버렸다. 단지 우리 주변의 일을 이야기하는 것이 아니다. 당신 스스로에게서 이러한 생각과 한숨이 새어나오고 있지는 않은가?

환경을 바꾸는 일은 매우 많은 에너지가 필요하다. 또한 한 사람의 힘으로는 실현해내기 어렵다. 아마 많은 사람들이 이 사실을 충분히 인식하고 있기 때문에 시도조차 하지 않고 지레 포기해버리고 마는 것일 테다.

하지만 우리는 우리의 인생을 살아가야 한다. 이는 그 누구도 부정할 수 없다. 나의 인생이 나의 것이라면 적어도 내가 마음먹은 대로, 나의 생각대로 살아야 하지 않을까? 만약 이것이 불가능한 것이라고 생각한다면 나를 얽매는 것은 무엇일까? 누가 나를 지배하고 있는 것일까? 그리고 우리는 왜 그 지배를 끊어내지 못하는 것일까?

놀랍게도 억압당한다고 생각하는 많은 이들이 사실은 자기 스스로에게 얽매여 있을 뿐이다. 스스로의 힘으로 생각하지 않는 기간이 오래될수록 그러한 삶의 방식은 마치 고정불변의 시스템처럼 자리 잡는다. 우리는 어느새 그 시스템에 지배당하고 만다. 그리고 점차 이 시스템을 바꾸는 것은 불가능하다고 믿어버린다. 이를 유지함으로써 안정적인 상태가 되었다고 착각한다.

하지만 우리의 걱정이나 지레짐작과는 달리 꾸준한 노력과 시도만으로 이 시스템은 변화할 수 있다.

그렇다고 해서 일부러 커다란 위험을 떠안고 도전하라는 것은 아니다. 서둘러서는 안 된다. 그것이야말로 집중 사고의 나쁜 버릇이다.

우선 마음을 편히 먹고 사고방식을 유연하게 만들어가

야 한다. 사물을 보는 방식부터 바꾸어 나가면 된다. 행동으로 옮기는 단계에 들어섰다면 매일 꾸준히, 그리고 다양한 형식으로 조금씩 실천한다. 이것 역시 분산의 철칙이다. 하나로 좁히지 않고 무엇이든, 몇 가지가 되었든 일단 시작하는 것이다. 달성하는 것만이 목표는 아니다. 그저 조금씩 해나가는 것으로 이미 변화는 시작되었다.

생각의 습관을

가져라

더욱 간단히 이야기하면 우선 바꿔야 할 것은 습관이다. 꾸준히, 조금씩, 다양한 습관을 만들어야 한다. 무엇보다 생각하는 습관을 만드는 것이 우선이다. 타인을 신경 쓰고 다른 이들과의 관계를 확인하는 시간은 지금의 절반으로 줄이고 그만큼을 생각하고 또 만드는 데 써야 한다. 이런 습관이야말로 분산사고에 적합한 뇌를 위한 밑바탕이 되어줄 것이다.

더 이상 사고하지 않고 그저 처리와 반응만을 반복한 인간은 생각해야 하는 상황을 맞닥뜨렸을 때 가장 먼저 스스로를 장애물로 맞이하게 될 것이다. 생각하고자 할 때 직면하는 것은 오직 자신뿐이다. 나의 입장, 나의 바람, 나의 생활, 나의 환경 같은 것만이 사고의 중심에 자리 잡고 있다. 그리고 그것이 생각하는 것이라고 착각한다.

하지만 평소 사고의 습관을 가지고 있는 사람은 자신 외에도 생각해야 할 것들이 무궁무진하다는 것을 안다. 생각이 익숙하지 않은 사람의 사고 범위는 거기까지 닿지 않는다.

그저 반응하고 처리하는 것을 반복하는 이들은 이 과정을 방해하는 모든 것을 성가신 것이라고 여긴다. 특히 사고하지 않는 사람은 자신의 감정을 앞세우기 좋아한다. 좋은지 싫은지와 같은 단순한 판단으로 사고하는 과정 없이도 처리하고 반응할 수 있기 때문이다. 어쩌다 사고의 단계에 이르더라도 다분히 감정적이 되기 쉽다. 감정에 지배받고 있기 때문에 사고가 자유롭게 작용하지 못한다. 악순환의 반복인 셈이다.

다양한 시각을 갖는 것, 그 시각을 계속해서 바꾸어 나가는 것, 그것이 분산사고를 하는 뇌이며 이런 딴생각의 습관이 객관적인 사고를 이끈다.

나의 감상이나 판단이 반드시 옳은 것은 아니다. 모두 합리적이라고 할 수도 없다. 객관적 판단이 가능한 수준에 도달했을 때 비로소 나의 의견은 설득력을 갖는다. 그리고 이러한 의견을 나누고 부딪치는 것이 진정한 의미의 논의다.

모든 일에 나만의 의견이 있어야 한다. 그리고 나의 의견을 관철하기 위해서는 나만의 논리를 만들고 이를 바탕으로 가지를 뻗어나가야 한다. 하지만 우리 주변의 많은 이들이 자신의 의견을 내는 것에 여전히 소극적이다. 의견을 주고받고 토론하는 것에도 익숙지 않다. 주장이라는 것은 자신의 의견을 말하는 것이지만 여전히 많은 사람들이 자신의 바람이나 옳고 그름을 늘어놓으며 스스로 주장을 펼치고 있다고 착각하고 있다.

이미 많은 나라에서 정규 교육 과정을 통해 논의의 과정을 훈련할 수 있는 시스템을 갖추고 있다. 이로 인해 그들은 더 자주 스스로 사고할 수 있는 기회를 갖는다. 그런데 우리는 어떠한가? 한 번쯤 생각해볼 문제다.

모두에게 존경받는

인재가 되고 싶다면

여전히 자신의 의견과 일치하지 않는 이에 반감을 가지는 사람들이 많다. 하지만 현실에서는 나와 의견이 맞지 않는 사람을 마주할 때가 훨씬 많다. 변호사처럼 그것을 직업으로 삼고 있는 이들도 있다. 꼭 변호사가 아니더라도 사회생활을 하다 보면 나와 다른 의견을 가진 상대방과 논의를 통해 교섭을 이루어야 하는 일이 비일비재하다. 객관적인 사고를 할 수 없는 이들은 이러한 상황에서 불리해질 수밖에 없다.

논의를 진행하다 보면 두 가지 유형의 사람을 만날 수 있다. 내가 어떤 논리를 내놓았을 때 무조건 부정하고 반대하는 사람과 '그렇군. 그 점은 일리가 있어' 하고 인정하는 유형이다. 자신의 입장과 완전히 반대되는 의견일지라도 부분적으로는 옳다고 여겨지거나 받아들일 만한 부분은 있기 마련이다. 그것을 인정하느냐 마느냐의 문제는 그 사람의 두뇌가 얼마나 명석한지 가늠하는 지표가 된다. 상대방의 말을 제대로 해석하고 받아들이며, 이에 대해 평소 충분히 생각하고 있는 사람이라면 비록 상대방의 의견이 나와 다를지라도 이를 받아들일 여유가 생긴다. 이러한 사람은 적어도 이야기가 통하는 인간이라고 평가받는다.

단순한 인간일수록 큰 소리, 강한 의견, 알기 쉬운 것, 자신에게 이익이 있는 것에 휘둘린다. 하지만 현명한 인간이라면 적어도 무엇이 옳은지 스스로 생각할 정도의 소양은 갖고 있다.

신뢰할 수 있는 사람은 의견을 굽히지 않는 사람이 아니다. 실현 가능하고 현실적인 생각을 해내는 사람이다. 현실은 결코 이상적이지 않다. 누군가가 이득을 보면 누군가는 반드시 손해를 본다. 그리고 이를 현명하게 정리하는 것이 정치이며 리더의 역할이다.

많은 이들의 존경을 받는 사람은 그 사람의 사고방식이 많은 이들로부터 공감받고 훌륭하다고 생각되기 때문이다. 사고방식은 좀처럼 겉으로 드러나지 않지만 그 사람의 발언이나 행동으로 느껴진다. 그리고 자연스레 훌륭한 인격을 가진 사람이라는 평가를 얻게 되는 것이다. 그리고 뛰어난 인격의 사람은 되도록 많은 사람들을 배려하고 존중하려 한다. 결국 이를 위해서 필요한 것은 한 가지 사안에 집중하는 태도가 아니라 분산과 발산을 통한 포용의 사고이다.

epilogue

유일한 정답은 없다

✎ "너무 열심히 할 필요 없어"

나의 어머니는 무척 교육열이 강한 사람이었다. 참고서나 문제집을 사오는 사람도 주로 어머니였고 장난감을 사주시지도 않았다. 하지만 만들기를 위한 재료는 가격에 상관없이 얼마든지 사주셨다. 갖고 싶은 것이 있으면 스스로 만들라는 가르침이었다. 내가 지금까지 만들기를 취미로 삼고 있는 데에는 이러한 어머니의 영향이 크다.

문제는 아버지였다. 나의 아버지는 건축가였는데 내 기억 속 아버지는 대체로 책을 읽거나 텔레비전을 보고 계셨다. 나에게 대화를 걸어오는 일도 드물었다. 하지만 가끔씩 조용히 나에게 다가와 이렇게 말씀하시곤 했다. '너무 열심히 할 필요 없단다.' 아무래도 그것이 아버지의 신조였던 모양이다.

어머니는 '열심히 해서 최고가 되어야 한다'라고 말하는 사람이었다. 하지만 아버지는 '1등 따위는 할 필요 없다'라고 말씀하시곤 했다. '100퍼센트를 쏟아붓지 않아도 된다' '무리하지 마라'는 것이 아버지의 일관된 가르침이었다.

어린 내게는 사실 아버지의 가르침이 훨씬 편리했다. 게으름을 피워도, 성적이 나빠도 혼나지 않았다. 실제로 나는 성적 때문에 아버지에게 꾸중을 들은 적이 단 한 번도 없다.

　이제와 생각해보면 아버지의 노력하지 말라는 가르침은 항상 여유를 가지라는 뜻으로 해석할 수 있겠다. 모든 것을 쏟아붓는 태도가 아니라 여유를 가지고 임하면 일이 생각만큼 잘 풀리지 않는다 할지라도 괴로워하지 않을 수 있다는 것이리라.

　사실 대부분의 부모님들은 나의 어머니와 같은 사람일 것이다. 많은 부모가 지금도 자신의 아이들에게 '노력해라' '항상 최선을 다해라'라고 이야기한다.

　하지만 그 누구도 최선을 다한 것이 대체 어떤 상태인지 아이에게 정확히 설명하지 못한다. 부모 스스로도 자신의 최선이 어디까지인지 알지 못하는 경우가 대부분이다. 그 누구도 어디까지가 그 사람의 최선인지 확실히 알 수 없다. 스스로는 최선을 다했다고 생각했던 아이도 '더 열심히 하라'라는 말을 듣고 지금까지 자신의 노력은 최선이 아니었다고 생각하고 만다.

／ 80%만 노력하라

아마 많은 이들이 어린 시절 최선을 다했지만 그 노력이 어른에게 인정받지 못했다고 느꼈던 경험이 있을 것이다. 그리고 이러한 경험이 자주 쌓이다보면 아무리 노력해도 누구도 만족시키지 못할 것이라 생각하며 차라리 그저 최선을 다하는 '척'하는 편이 더 낫다는 결론에 빠질 수 있다. 그 편이 실망감이 더 적기 때문이다. 이는 비단 아이들만의 이야기가 아니다. 어른이 된 다음에도 여전히 많은 사람들이 최선을 다하는 척하고 있다. 안타까운 것은 그런 척을 하는 사이에 정말 여기까지가 자신의 한계라고 믿어버리는 사람도 생겨난다는 것이다. '할 만큼 했다' '여유 따위는 없다' '더 이상 할 수 없다'라고 스스로 한계를 그어버리는 것이다.

나는 차라리 정말로 최선을 다하지 않는 삶의 태도를 가질 것을 권한다. 아버지의 말씀처럼 80퍼센트의 노력만을 하는 것이다. 오히려 이편이 최선을 다하는 척하는 것보다 더 낫다. 그리고 이러한 삶의 방식을 선택하는 순간 다른 이들의 시선으로부터 자유로워질 수 있다.

최선을 다하지 않기 때문에 스트레스도 없고 결과에 대

해서도 자유로울 수 있다. 가지고 있는 능력을 완전히 발휘하지 않았기 때문에 실패한다 해도 쉽게 극복할 수 있다. 그리고 진짜 최선을 다할 때를 위한 에너지와 자신감을 비축해둘 수 있다.

╱ 모든 것은 애매한 상태다

다만 이 책에서도 반복적으로 이야기한 것처럼 이 책에 쓰인 것이 유일한 정답은 아니라는 점은 유의해야 한다. 모든 사람은 다 다른 존재이며 각자 자신의 성향에 맞는 삶의 태도가 있다. 다만 내가 계속해서 이러한 이야기를 반복하는 것은 적어도 집중하는 것이 유일한 최선이라는 사회의 주문이 결코 유일한 정답이 아니라는 사실을 말하고 싶어서다.

최근에는 점점 더 모든 것이 획일화되어가는 것처럼 느껴진다. 조금이라도 다른 발언을 하는 이들에겐 많은 비난이 따른다. 인터넷이 본격적으로 발달하면서부터 그런 경향이 두드러지기 시작했다.

하지만 우리가 모두 다른 사람이듯 각자의 생각도 모두

다를 수밖에 없다. 때문에 나와 다른 의견에도 여유를 가지고 느긋한 자세로 받아들여야 한다. 논의를 할 때도 상대를 존중하는 태도가 필요하다. 좋은 것과 나쁜 것은 단순히 이분법적으로 나뉘어 있는 것이 아니다. 모든 것이 애매한 상태이며 모든 것이 그 양면의 특징을 모두 포함하고 있다. 성급하게 의견을 정하지 않는 자세가 중요하다.

결국 나는 이 책을 통해 모든 것에 집중하지 않는 삶의 태도에 대해서 말하고자 했다. 좋은 것과 나쁜 것, 옳은 것과 그른 것, 성공과 실패 그 어떤 것에도 집중하지 않고 여유를 가지고 가능성을 품는 분산의 태도가 앞으로 우리에게 요구되는 삶의 방식이라는 것이다. 이러한 태도야말로 우리가 가능성을 가진 인간으로 성장할 수 있는 바탕이자 앞으로의 삶에서 더 나은 나로 살아갈 동력이 되어줄 것이다.

지금까지 장황하게 글을 썼다. 하지만 이 또한 분산사고다. 부디 모두 분산하는 삶을 살아가길.

모리 히로시

이아랑 옮긴이

건국대학교 국어국문학과를 졸업했다. 글밥아카데미를 수료하고 현재 바른번역에서 전문번역가로
활동 중이다. 독자의 마음을 움직이는 번역을 꿈꾸며 일본어를 우리말로 옮기고 있다. 옮긴 책으로는
《7번 읽기 공부 실천법》《화가 나도 바보와는 싸우지 마라》《휴일 버릇 업무까지 간다》《베리 심플》
《죄송합니다 품절입니다》《고객님이 팔로잉하셨습니다》《처음 만난 철학》《질문형 영업》 등이 있다.

집중력
은   /   필요
         없다

펴낸날 초판 1쇄 2018년 10월 15일

지은이 모리 히로시 MORI Hiroshi
옮긴이 이아랑

펴낸이 임호준
본부장 김소중
책임 편집 이한결 ｜ **편집 4팀** 최재진 김현아
디자인 왕윤경 김효숙 정윤경 ｜ **마케팅** 정영주 길보민 김혜민
경영지원 나은혜 박석호 ｜ **IT 운영팀** 표형원 이용직 김준홍 권지선

인쇄 (주)웰컴피앤피

펴낸곳 북클라우드 ｜ **발행처** (주)헬스조선 ｜ **출판등록** 제2-4324호 2006년 1월 12일
주소 서울특별시 중구 세종대로 21길 30 ｜ **전화** (02) 724-7648 ｜ **팩스** (02) 722-9339
포스트 post.naver.com/bookcloud_official ｜ **블로그** blog.naver.com/bookcloud_official

ISBN 979-11-5846-258-1   13320

· 이 도서의 국립중앙도서관 출판예정도서목록(CIP)은 서지정보유통지원시스템 홈페이지(http://seoji.nl.go.kr)와
  국가자료공동목록시스템(http://www.nl.go.kr/kolisnet)에서 이용하실 수 있습니다. (CIP제어번호: CIP2018030195)

· 북클라우드는 독자 여러분의 책에 대한 아이디어와 원고 투고를 기다리고 있습니다.
  책 출간을 원하시는 분은 이메일 vbook@chosun.com으로 간단한 개요와 취지, 연락처 등을 보내주세요.

  북클라우드 는 건강한 몸과 아름다운 삶을 생각하는 (주)헬스조선의 출판 브랜드입니다.